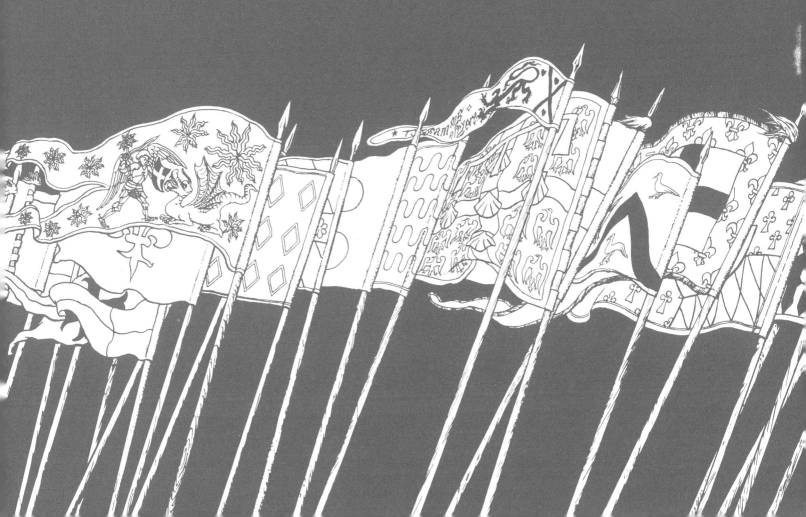

LE SECRET DES TEMPLIERS

scénario : JACQUES MARTIN
dessins : JEAN PLEYERS

couleurs : Véronique GROBET

casterman

EN CETTE SOIRÉE D'ÉTÉ, L'ANCIEN ERMITAGE, SIS EN LISIÈRE DE LA FORÊT DE SAINT-ROYE, PARAÎT ENCORE FIGÉ DE CHALEUR SOUS LES DERNIERS RAYONS DU SOLEIL. LES QUELQUES HABITANTS DU LIEU, ÉCRASÉS DE FATIGUE, SE SONT INSTALLÉS PRÈS DE L'ÉTANG AFIN DE GOÛTER LA PETITE FRAÎCHEUR QUI MONTE ENFIN DES ROSEAUX.

AH! MON GENTIL ADRIEN!... TU ES UN BON PETIT GARS ET JE MARONNE DE NE PAS AVOIR BEAUCOUP DE DIABLOTINS COMME TOI DANS NOS JAMBES.

PARFAIT, REGARDE DONC QUI VIENT LÀ!

HÉ! DES MOINES DE L'ABBAYE VOISINE! QUELLE SURPRISE! IL Y A TELLEMENT LONGTEMPS QUE LES GENS DE CE COUVENT NOUS IGNORENT!... ESPÉRONS QU'ILS NE SURGISSENT PAS AFIN DE NOUS RÉCLAMER UNE DÎME OU UN IMPÔT QU'ILS VIENNENT D'INVENTER!

QUE NENNI, BRAVE AMI, RASSURE-TOI; TOUTEFOIS POINT COMPLÈTEMENT CAR NOUS SOMMES ICI POUR TE METTRE EN GARDE À L'ENCONTRE DE RÔDEURS QUI HANTENT LA FORÊT DEPUIS QUELQUES JOURS.

AH! ÇA!... NOUS N'EN AVONS ENCORE POINT VU!

TANT MIEUX MAIS LE PÈRE SUPÉRIEUR SOUHAITE QUE PLUSIEURS FRÈRES SOLIDES ET BIEN ARMÉS, RENFORCENT LES ALENTOURS DU MONASTÈRE. DONC POUR VOTRE SÉCURITÉ ET LA GARDE DE VOS BÂTIMENTS, LE FRÈRE ADELIN SÉJOURNERA QUELQUE TEMPS EN VOTRE MAISON. SI VOUS VOULEZ BIEN LE LOGER ET LE NOURRIR IL SERA VOTRE MEILLEURE DÉFENSE.

CE N'EST PAS DE REFUS. MAIS ENTREZ DONC BOIRE UN PICHET; VOUS DEVEZ AVOIR DURE SOIF PAR CE TEMPS?

CERTES, CEPENDANT LE FRÈRE RUFUS ET MOI-MÊME PARTIRONS DÈS APRÈS CAR NOUS SOUHAITONS RENTRER AU MONASTÈRE AVANT LA NUIT.

ET QUELQUES HEURES PLUS TARD...

C'EST LE MOMENT. ILS NE SONT POINT ENCORE COUCHÉS.

EH BIEN, ALLONS-Y!

WHOUAWH-WHOUAWH-WHOUAWH

LE CHIEN ABOIE! QUE FAIT-ON?

RIEN! POURSUIVONS NOTRE AFFAIRE COMME CONVENU.

BOUM BOUM

QUI EST LÀ?... QUE VOULEZ-VOUS?

NOUS SOMMES QUELQUES PÈLERINS ÉGARÉS EN CETTE NUIT BIEN NOIRE. POUVEZ-VOUS NOUS AC- CORDER LE GÎTE ET LE COU- VERT AU NOM DU CHRIST?

HUM... ENTREZ.

OH! LA BONNE PETITE FA- MILLE! QUE LE SEIGNEUR JÉSUS LA BÉNISSE CENT ET MILLE FOIS.

ALLEZ-VOUS TENIR PRÈS DU FEU ET FINISSEZ LE BOUILLON QUI DOIT ÊTRE ENCORE CHAUD.

SCHLAPP... ...SCHLAPP... SCHLAPP...

VOILÀ!... C'ÉTAIT UNE BONNE SOUPE ET CETTE MI- CHE DE PAIN ÉTAIT EXCELLENTE.

OUI!... EH BIEN IL NE RESTE PLUS QU'À NOUS LEVER!

PLUS UN GESTE! ET LÂCHEZ CES COUTEAUX.

4

MAIS !?... NOUS ALLIONS LES RANGER AUX FOURREAUX !

CE SONT LÀ DE BIEN LONGUES LAMES POUR D'HONNÊTES PÈLERINS. APPROCHEZ DE LA TABLE AFIN DE VIDER VOS POCHES ET BESACES, MÊME LES PLUS SECRÈTES.

EH BIEN VOILÀ !

VOUS POUVEZ CONSTATER QU'IL N'Y A RIEN DE MENAÇANT EN NOS PETITES AFFAIRES.

OUI DA, CEPENDANT CE NE SONT POINT VOS AFFÛTIAUX QUI INQUIÈTENT, MAIS VOS MAUVAISES ALLURES ; ALORS REPRENEZ VOS VILAINERIES ET ALLEZ DORMIR DANS LA GRANGE. LE JEUNE BASILE VA VOUS Y CONDUIRE AVEC UNE LAMPE.

DEMAIN, ON VOUS RÉVEILLERA POUR DÉGUERPIR. ALLEZ.

SUIVEZ-MOI.

VOICI... JE NE PEUX VOUS LAISSEZ LA FLAMME, C'EST TROP DANGEREUX, AVEC LA PAILLE !

POURTANT NOUS EN AURIONS BIEN BESOIN, IL FAIT SI NOIR ! AU FAIT, MON GARÇON, NE CONNAÎTRAIS-TU POINT QUELQUE GROTTE EN CETTE RÉGION, DIS ? HEIN ?... NOUS AVONS OUÏ DIRE QU'IL EN EXISTAIT UNE MAGIQUE, TOUT PRÈS D'ICI ? EH BIEN, PARLE !

TU AS PERDU LA LANGUE, TOUT SOUDAIN ? ALLONS, NE FAIS PAS LE SOT !... NOUS POURRIONS PERDRE PATIENCE !... VOYONS, JE T'AI POSÉ UNE QUESTION... JE RÉPÈTE : Y A-T-IL UNE GROTTE PAR ICI ? **OUI OU NON ?**...

VOIS, MES COMPAGNONS S'ÉNERVENT ET CE N'EST BON POUR PERSONNE... LEURS COUTELAS S'IMPATIENTENT AUSSI ET ÇA C'EST DANGEREUX, TRÈS DANGEREUX !...

3

CHENAPANS ! ON VOUS DONNE LE PAIN ET LE GÎTE PUIS EN REMERCIEMENT, VOUS TOURMENTEZ CE GARÇON ! AINSI DONC PRENEZ VOS CLIQUES ET VOS CLAQUES ET ALLEZ AU DIABLE !

VLAM

TOI, BASILE, DERRIÈRE MOI.

ON SE REVERRA, L'HOMME ! ON SE REVERRA !

TU CROIS QU'ILS REVIENDRONT, VRAIMENT ?

SANS DOUTE. IL FAUDRA AVOIR L'ŒIL.

ET LE JOUR SUIVANT, DANS LA MATINÉE...

... UNE GROTTE !? JE N'AI JAMAIS RIEN VU DE SEMBLABLE DANS LA RÉGION, ET À L'ABBAYE NUL NE M'EN A PARLÉ.

IL FAUT POURTANT EN AVOIR LE CŒUR NET. S'IL EXISTE UNE ANFRACTUOSITÉ QUELCONQUE, CE NE PEUT ÊTRE QU'ICI, DANS CE BLOC ROCHEUX.

ET UNE HEURE PLUS TARD...

RIEN ! PAS LA MOINDRE TROUÉE !

IL ARRIVE QUE DES CAVERNES AIENT LEURS OUVERTURES SOUS L'EAU, LES ÉTANGS ET LACS S'ÉTANT FORMÉS BIEN APRÈS LES ROCAILLES.

AH ! IL EST DONC NÉCESSAIRE D'Y ALLER VOIR. BASILE, TOI QUI ES BON NAGEUR, VEUX-TU BIEN ALLER EXAMINER CELA DE PRÈS ?

D'ACCORD, JE VAIS PLONGER.

... HÉ ! LE FRÈRE ADELIN AURAIT BIEN RAISON, IL Y A LÀ UNE CAVITÉ !... MAIS LÀ, QU'EST-CE DONC ?...

4

AH! UN NOEUD D'ANGUILLES!
...SALES BÊTES!

LE REVOILÀ DÉJÀ!...

QUE LUI EST-IL ARRIVÉ?...

PUIS...

NE TE FRAPPE PAS MON GARÇON, IL EST NORMAL QUE CES ANIMAUX T'AIENT IMPRESSIONNÉ.

AU FAIT CET INCIDENT NOUS A APPRIS QUE SOUS L'EAU IL Y A SEULEMENT DE PETITES ANFRACTUOSITÉS CAR CES POISSONS NE SE CACHENT QUE DANS DES CAVITÉS RESTREINTES.

VOUS VOICI DE RETOUR, DÉJÀ!?

OUI, ET AVEC LA CERTITUDE QU'IL N'Y A POINT DE GROTTE EN CET ENDROIT.

MAIS NON LOIN DE LÀ...

ALORS?...

ILS ONT ENVOYÉ LE GAMIN PLONGER DANS LE FOND DE L'ÉTANG ET IL EST REVENU SANS RIEN!

PEUT-ÊTRE VOULAIT-IL PÊCHER; OU BIEN CHERCHAIT-IL QUELQUE CHOSE D'INSOLITE?!

HUM! PEU DE CHANCES IL AURAIT INSISTÉ.

IL Y A CEPENDANT UNE GROTTE DANS LES PARAGES; CET ÉCRIT L'INDIQUE CLAIREMENT.

OUI DÀ. EN ÉCRITURE MAIS POINT PAR LE DESSIN, CE QUI EST BIEN FÂCHEUX!

ET DIRE QUE CETTE FORTUNE EST TOUT PRÈS ET QUE NOUS NE SAVONS PAS OÙ!

IL N'Y A DONC PAS D'AUTRE SOLUTION QUE DE METTRE EN PRATIQUE NOTRE PLAN.

EH BIEN, DEMAIN À L'AUBE.

ET LE JOUR SUIVANT...

AH! ENCORE UNE MATINÉE PLEINE DE SOLEIL! DE LA PLUIE POURTANT FE...

HOO!...

?

PAS DE GESTE IMPRUDENT ! RENTRE SANS FAIRE DE BRUIT.

C'EST ENCORE NOUS ; MAIS CETTE FOIS NOUS NE NOUS LAISSERONS POINT JETER DEHORS.

OUAIS, ET LA PREMIÈRE CHOSE À FAIRE EST D'AMENER, ICI DEVANT, TOUTES LES ARMES TRANCHANTES ET DE JET QUE VOUS POSSÉDEZ. ALLEZ.

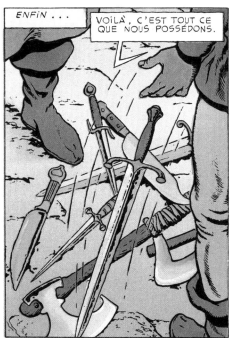

ENFIN...

VOILÀ, C'EST TOUT CE QUE NOUS POSSÉDONS.

IL Y A LÀ ENCORE LE MOINE À L'AR-BALÈTE. QU'IL DESCENDE DE SON PER-CHOIR AVEC TOUT SON FOURNIMENT ET QU'IL LE DÉPOSE LÀ.

ME VOICI, MAIS PAR DIEU NE BRUTALISEZ PAS CES BRAVES GENS.

TU VAS T'EN RETOURNER À TON COUVENT ET PROMETTRE DE NE DIRE MOT SUR CE QUI SE PASSE ICI. SI TU PARLES, NOUS TUERONS D'ABORD UN ENFANT, PUIS L'AUTRE... ET AINSI DE SUITE. TU VAS LE JURER SUR CE CHRIST EN HAUT.

SOIT !... JE LE JURE.

ALORS VA-T'EN.

BIEN, MAINTENANT IL EST LOIN.

MAIS QUE CHERCHEZ-VOUS DONC ?

NOUS VOULONS CONNAÎTRE ET DÉCOUVRIR LE SECRET QU'IL Y A EN CE LIEU. SUR NOS PARCHEMINS, LÀ, IL EST BIEN INDIQUÉ QU'ICI SE CACHE UN TRÉSOR LAISSÉ PAR LES TEMPLIERS ; CAR VOUS OCCUPEZ UN BÂTIMENT QUI EST UN ANCIEN RELAIS DU TEMPLE. LE SAVIEZ-VOUS ?

NON. C'EST FAUX.

MAIS À PROXIMITÉ DE L'ABBAYE DE SAINT-ROYE DE SAULX...

TIENS ? UN MOINE QUI REVIENT À BELLE ALLURE ! IL PARAÎT AVOIR MIS LE FEU À LA POUDRE.

CE CAVALIER ! SEUL EN CETTE CAMPAGNE ET JE N'AI PAS DE QUOI ME DÉFENDRE !

IL ME RATTRAPE ! PAR CHANCE LE COUVENT EST TOUT PROCHE.

OHÉ ? POURQUOI COURS-TU AINSI DEVANT PAISIBLE VOYAGEUR ?

JE N'AI POINT DE TEMPS À PERDRE EN BILLEVESÉES ; LE DEVOIR M'APPELLE.

ALLONS, SOIS PLUS ACCOMMODANT CAR JE COMPTE M'ARRÊTER EN TON COUVENT AVANT D'ALLER À LA GORE OÙ JE DOIS RENDRE VISITE À QUELQUES AMIS. APRÈS IL ME PLAIRAIT DE REVENIR PAR L'ANCIEN ERMITAGE DE L'ÉTANG OÙ SE TROUVENT UN BRAVE COMPAGNON ET UNE JEUNE FEMME QUI...

COMMENT ? TU VEUX ALLER À CET ERMITAGE !?... MAIS !?... EUH !?... CE N'EST PAS POSSIBLE !... ENFIN, JE PRÉSUME !

ET PEU APRÈS...

NOUS ALLONS SOIGNER VOTRE MONTURE, LE PÈRE ABBÉ EST JUSTEMENT DANS LE JARDIN DU CLOÎTRE.

JE VOUS Y MÈNE.

RÉVÉREND, IL Y A ICI UN VISITEUR QUI SOUHAITE VOUS SALUER. IL SE NOMME JHEN ROQUE ET CHEMINE VERS LA GORE. APRÈS, IL REVIENDRA PAR L'ERMITAGE DE L'ÉTANG.

AH ! CES MISÉRABLES BÂTISSES QUI ONT ÉCHAPPÉ À NOTRE JURIDICTION POUR QUELQUES LIARDS À NOUS VERSER CHAQUE FOIS L'AN ; CE QUI ASSURAIT LEUR PROTECTION ! ENFIN !... BIENVENUE, JEUNE HOMME.

PÈRE ABBÉ, PERMETTEZ-MOI DE RAPPELER QUE L'ANCIEN ERMITE PARFAIT LETOILE A REDRESSÉ SEUL CES RUINES ET QU'IL N'A SÛREMENT PAS LES REVENUS POUR SUPPORTER LES CHARGES EXIGÉES PAR VOTRE MONASTÈRE.

PERSONNE NE VEUT ACQUITTER LA DÎME ET LE CENS, PARTICULIÈREMENT LES CULTIVATEURS ET LES ARTISANS QUI ESTIMENT TOUJOURS QUE L'IMPÔT N'EST POINT JUSTE.

LORSQU'IL EST EXAGÉRÉ, IL NE L'EST JAMAIS.

QUE VOILÀ PROPOS TENDANCIEUX ! UN POUVOIR ÉTABLI EXIGE DE TELLES CONTRAINTES SELON SES NÉCESSITÉS.

...QUI AUGMENTENT SANS CESSE. TANT DE DIFFI-CULTÉS VIENNENT DE LÀ !

PUISQUE VOUS ÊTES DE MON AVIS, FRÈRE VINCENT, ALLONS PRÉSENTER NOTRE REQUÊTE À L'ABBÉ.

MON PÈRE, PERMETTEZ À VOS HUMBLES SERVANTS RUFUS ET VINCENT DE DONNER QUELQUES PAS DE CONDUITE À CE JEUNE HOMME, CAR LA FORÊT DE SAINT-ROYE EST DEVENUE PEU SÛRE : ON Y APERÇOIT D'ÉTRANGES SILHOUETTES !

ENCORE !? SOIT ! NE RESTEZ TOUT DE MÊME PAS TROP LONGTEMPS ABSENTS DE NOTRE COMMUNAUTÉ.

VOTRE GÉNÉROSITÉ EST BIEN PLUS GRANDE QUE VOUS NE DAIGNEZ LE LAISSER APPARAÎTRE, PÈRE ABBÉ.

MON FILS, JE VOUS BÉNIS.

PUIS, UNE HEURE PLUS TARD...

DIANTRE ! DE NOUVEAU LES MOINES; ET CETTE FOIS AVEC UN CAVALIER !

HOLÀ PARFAIT ! JE SUIS FORT AISE DE TE REVOIR... MAIS QUELLE VILAINE FIGURE TU TIRES LÀ ET QUELS SONT DONC CES ÉTRANGERS PLEINS D'ARMES ET DE FERRAILLES AU-DEVANT DE TA MAISON ?

FAIS-LE PARTIR.

8

EUH ! DES PÈLERINS QUI RESTENT PARMI NOUS QUELQUE TEMPS, ALORS JE N'AI POINT DE QUOI T'HÉBERGER. JE LE REGRETTE, HUM !... HEUREUX DE T'AVOIR REVU, JHEN. JE DIRAI TON BONJOUR À MARIA(1).

(1) VOIR L'ALCHIMISTE.

10

SINGULIÈRE MANIÈRE DE M'ACCUEILLIR, PARFAIT ! JE NE SUIS PAS AUTANT BIENVENU QUE TES CURIEUX AMIS-LÀ, MAIS AVANT DE ME RETIRER JE VEUX VOIR MARIA ET L'EMBRASSER. ALORS, FAIS-LA VENIR... J'AURAIS MAUVAISE GRÂCE DE FORCER TA PORTE. POURTANT, S'IL LE FAUT, JE M'Y RÉSOUDRAI.

C'EST BON, JE VAIS LA QUÉRIR.

ET SOIS PRUDENTE. JE T'EN PRIE.

Ô, JHEN, QUE JE SUIS HEUREUSE CAR LE TEMPS EST BIEN LONG À PASSER SANS TOI.

ALORS VIENS AVEC MOI, MA MIE. PEUT-ÊTRE VAUT-IL MIEUX COURIR LES RISQUES DES GRANDS CHEMINS QUE RESTER DANS LA QUIÉTUDE D'UN FOYER OÙ IL Y A VRAI-MENT, TOUT SOUDAIN, TROP DE GENS ?

Ô, QUE J'AIMERAIS CELA, JHEN, MAIS POUR L'HEURE, JE NE PUIS ! IL ME FAUT RESTER CÉANS CAR ON A BESOIN DE MOI... Méfies-toi. ce sont des bandits : Ils tiennent l'enfant de Parfait en otage... IL Y A TELLEMENT DE TRAVAIL DANS LA MAISONNÉE !

BIEN SÛR, MA DOUCE MARIA. JE DOIS ALLER À LA GORE. AU RETOUR, JE VIENDRAI TE CHER-CHER, DANS PEU DE TEMPS.

À BIENTÔT, MA TOUTE BELLE.

AU REVOIR, JHEN. SOIS PRUDENT.

EH BIEN VOICI UNE VISITE DE FORT COURTE DURÉE !

MA FOI ! DEVANT UN TEL ENTHOUSIASME MIEUX VAUT S'EN RETOURNER.

ET UN PEU PLUS LOIN...

C'EST SITUATION DANGEREUSE ! CES TROIS DRÔLES SONT SÛREMENT DES BANDITS ET ILS TIENNENT LE FILS DE PARFAIT LÉTOILE EN GAGE. MES BONS FRÈRES, ALLEZ TENIR VOTRE SUPÉRIEUR AU COURANT DE L'AFFAIRE TANDIS QUE J'OBSERVE, DE LOIN, L'ANCIEN ERMITAGE JUSQU'AU SOIR.

C'EST DIT.

...PAUVRES GENS ! IL FALLAIT QUE CE PARFAIT SOIT BIEN FORCÉ POUR TRAITER SON VIEUX COMPAGNON DE LA SORTE !

DU PREMIER MOMENT, J'AI JUGÉ CES BI-ZARRES ERMI-TES COMME DES GREDINS.

PUIS... DÉJÀ DE RETOUR ?

...OUI ET SOMMES PRESSÉS. NOUS ALLONS VOIR LE PÈRE ABBÉ, TOUT DE SUITE.

...QUE VOICI MÉCHANTE NOUVELLE ! PUISQUE VOUS AVEZ TENU L'ŒIL SUR CET ANCIEN ERMITAGE, CONSERVEZ-LE DESSUS. ALLEZ DONC CHAQUE JOUR OBSERVER CE QUI S'Y PASSE ET VENEZ ME TENIR AU COURANT TOUS LES SOIRS, AVANT COMPLIES VERS 6-7 HEURES.

CEPENDANT, AU BORD DE L'ÉTANG...

CONDUIS-MOI LÀ, PRÈS DE CES ROCHERS OÙ VOUS AVEZ PRÉTENDU VOUS LIVRER À LA PÊCHE.

ALORS ? C'EST BIEN ICI QUE VOUS ÉTIEZ, N'EST-CE PAS ? VOUS CHERCHIEZ QUOI, AU JUSTE, DANS CES PARAGES ? UNE GROTTE, HEIN ?

DU POISSON. J'AI PLONGÉ POUR RAMENER UNE TRUITE LORSQUE JE SUIS TOMBÉ SUR UN NŒUD D'ANGUILLES... DU COUP, J'AI EU PEUR ET JE SUIS REMONTÉ.

OUAIS ! NOUS FINIRONS BIEN PAR DÉCOUVRIR LA VÉRITÉ ; EN ATTENDANT JE VAIS ALLER VOIR PLUS HAUT. TOI, ATTENDS-MOI.

CRRÂAC   CRRÂAC

... JE N'Y COMPRENDS RIEN !... LA CONFIGURATION DU TERRAIN N'EST PAS PROPICE À L'EXISTENCE D'UNE GROTTE ! ...

POURTANT CE PLAN L'INDIQUE CLAIREMENT DE CE CÔTÉ-CI DE L'ÉTANG ! ... ÉTRANGE !.. VRAIMENT !

PAK

?

PLOUFF

!

LE MA... NUS... CRIT ?!... ..BLL... OÙ EST-IL ?... JE NE L'AI PAS... VU DANS ..L'EAU...TU L'AS APERÇU ?...

MA FOI NON ! J'AI ÉTÉ BIEN SURPRIS PAR VOTRE CHUTE ! VOTRE PARCHEMIN EST SANS DOUTE TOMBÉ AU FOND DE L'ÉTANG !

MAIS QUI M'A DONC POUSSÉ AINSI ? JE N'Y COMPRENDS RIEN !?

PEUT-ÊTRE UN GÉNIE DE LA FORÊT ?! IL Y EN A DE VILAINS PAR ICI.

C'EST BON ! RAMÈNE-MOI DE L'AUTRE CÔTÉ... UN GÉNIE ?! POURQUOI PAS UN FAUVE TOUT NOIR ?!

HÉ ! QUI SAIT ? CES BOIS SONT PLEINS DE MYSTÈRES ET DE TEMPS À AUTRE, LA NUIT, ON ENTEND...

CELA SUFFIT ! TAIS-TOI ET RAME.

PUIS PEU APRÈS ...

...OUI, COMME UNE POUSSÉE VIOLENTE, J'AI ÉTÉ PROJETÉ EN AVANT ! LE GAMIN PRÉTEND QUE C'EST DE LA MAGIE ?!

HUM ! PAS NET TOUT CELA ... ET MAINTENANT NOUS N'AVONS PLUS LE GRIMOIRE POUR NOUS AIDER. CAR MÊME SI NOUS PARVENIONS À LE REPÊCHER, L'ENCRE ET LA COULEUR SERAIENT DILUÉS.

ÇÀ ! PAR EXEMPLE ! LE DOCUMENT QU'IL CONSULTAIT AVANT SON PLONGEON, IL EST LÀ, COINCÉ, COMME PAR MIRACLE ! PAR PRUDENCE IL FAUDRA QUE J'ATTENDE LA NUIT POUR ALLER LE QUÉRIR.

ENFIN, L'OBSCURITÉ VENUE ...

DIFFICILE ! .... JE N'Y VOIS VRAIMENT RIEN ! .... BON SANG !

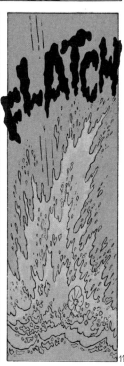

FLATCH

...QU'EST-CE QUE C'EST ?!... TU AS ENTENDU ?...

CELA VENAIT DE L'AUTRE CÔTÉ, À PEU PRÈS DE L'ENDROIT OÙ TU ES TOMBÉ !?

11

C'EST TROP LOIN, ON NE DISTINGUE RIEN !

ÉVIDEMMENT ! PAR PRUDENCE RESTE DEHORS AVEC LA LAMPE ET SI TU PERÇOIS ENCORE LE MOINDRE BRUIT, APPELLE-MOI...ALORS NOUS IRONS VOIR AVEC LE BATEAU.

ET UNE HEURE PLUS TARD ...

ÇA Y EST, JE CROIS QU'IL DORT ! LE PROBLÈME MAINTENANT EST DE REMONTER EN SILENCE ! MAIS COMMENT ?

LÀ, CES ROCHERS FORMENT UNE SORTE DE CHEMINÉE. EN GRIMPANT LENTEMENT, PAR LE FOND, J'AI DAVANTAGE DE CHANCES.

...VOILÀ ! IL NE RESTE PLUS QU'À REGAGNER LE COUVENT SANS ATTIRER L'ATTENTION. CELA SERA PLUS AISÉ AVEC LE JOUR QUI VA BIENTÔT SE LEVER.

QUANT À LUI, IL N'EST PAS PRÈS DE LE FAIRE : IL PIQUE DU NEZ ! CURIEUX BANDIT DE GRANDS CHEMINS, MAIS CELA FAIT MON AFFAIRE.

LA LUMIÈRE EST DÉJÀ FORTE LORSQUE JHEN PARVIENT EN VUE DE L'ABBAYE ...

...POUR FINIR CHEZ LE PRIEUR.

CE SONT DES SIGNES CABALISTIQUES TOUT À FAIT DANS LA TRADITION DES TEMPLIERS. VOUS SAVEZ, MESSIRE JHEN, DES DOCUMENTS COMME CELUI-LÀ IL EN CIRCULE BEAUCOUP ENTRE TOUTES SORTES DE MAINS ET, BIEN SÛR, PAS DES PLUS HONNÊTES !

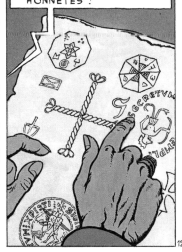

NÉANMOINS NOUS VOUS AIDERONS À DÉCHIFFRER CE PLAN. POUR CELA IL FAUT ALLER TROUVER LE PÈRE CASTRALON, NOTRE MEILLEUR ARCHIVISTE. ESPÉRONS QU'IL POURRA ÉCLAIRCIR CE MYSTÈRE ? ESPÉRONS ?!

ET PEU APRÈS... PÈRE CASTRALON, VOICI MESSIRE JHEN ROQUE QUI VOUS SERAIT FORT RECONNAISSANT DE LUI FOURNIR BONNES EXPLICATIONS À PROPOS DE CE GRIMOIRE ? QU'EN PENSEZ-VOUS ?

HUM ! IL S'AGIT LÀ D'UN DOCUMENT TRÈS PARTICULIER ! CELA VA NÉCESSITER DES RECHERCHES. EN CE CAS, VOULEZ-VOUS BIEN ME SUIVRE DANS MON OFFICE. NOUS Y SERONS PLUS À L'AISE POUR PARLER.

CERTES, ALLONS-Y.

CE PARCHEMIN EST UNE PIÈCE TOUT À FAIT INTERDITE DEPUIS LE PROCÈS DES TEMPLIERS, IL Y A PLUS DE CENT ANS. LA PRÉVÔTÉ ROYALE EN A FAIT UNE CHASSE IMPITOYABLE. CEPENDANT, DANS LES TRÉFONDS DE CERTAINS CHÂTEAUX ET ABBAYES, IL PERSISTE BIEN ENCORE QUELQUES OUVRAGES OUBLIÉS !

EH BIEN, PÈRE CASTRALON, ALLEZ DONC QUÉRIR CELUI QUE VOUS TENEZ SÛREMENT EN SECRET ET QUI PEUT NOUS ÉCLAIRER.

BIEN !

... VOICI ! CE LIVRE RELATE L'HISTOIRE DES TEMPLIERS ET A ÉCHAPPÉ MIRACULEUSEMENT AUX FOUILLES DES MILICES ROYALES.

NOUS N'AVONS POINT LE TEMPS DE LIRE TOUT CELA, PÈRE CASTRALON. EXPLIQUEZ-NOUS-EN L'ESSENTIEL.

MALGRÉ LEUR AUSTÉRITÉ PROVERBIALE, LES TEMPLIERS ONT FAIT TRAVAILLER DES ENLUMINEURS DE QUALITÉ ET CE TEXTE EXPLIQUE D'ABORD L'ORIGINE DES CROISADES.

IL DÉCRIT L'ENTHOUSIASME DES FOULES CHRÉTIENNES QUE LES PRÊCHES DU FAMEUX PIERRE L'ERMITE SOULEVA, EN L'AN 1095, SUITE À L'APPEL DU PAPE URBAIN II, ET CET ÉLAN FORMIDABLE QUI RÉVEILLAIT LES PEUPLES D'OCCIDENT, APRÈS LA GRANDE PEUR DE L'AN 1000. LA CROISADE POPULAIRE POUR DÉLIVRER LE TOMBEAU DU CHRIST ÉTAIT DÉCLENCHÉE. LEUR FOI ENFLAMMAIT TOUS CES PAUVRES ET MALHEUREUX ET ILS COURAIENT SUS À L'INFIDÈLE.

SANS VÉRITABLE CHEF ET AUCUNE ORGANISATION MILITAIRE, CETTE IMMENSE TROUPE SE MIT EN MARCHE ET TRAVERSA LES PAYSAGES LES PLUS AGRESTES POUR PARVENIR ENFIN DANS LE ROYAUME DE CONSTANTINOPLE. PUIS, SANS DAVANTAGE DE CAVALERIE, ELLE SE DIRIGEA VERS LA JUDÉE EN CHAPARDANT TOUT CE QU'ELLE POUVAIT SAISIR.

HÉLAS, LES TURCS LES ATTENDAIENT EN ANATOLIE ET SOUS LES COUPS DE MULTITUDES DE FLÈCHES, ILS LES EXTERMINÈRENT ET ENTASSÈRENT LES CADAVRES EN MONTICULES QU'ILS ABANDONNÈRENT AINSI.

DEUX ANS PLUS TARD LA CROISADE DES BARONS, PAR QUATRE CHEMINS DIFFÉRENTS, PARVINT AU MÊME ENDROIT ET DÉCOUVRIT AVEC HORREUR ET RAGE LES OSSEMENTS DES COMPAGNONS DE LA PREMIÈRE CROISADE.

CEPENDANT, MIEUX ORGANISÉE ET COMMANDÉE, L'EXPÉDITION DES SEIGNEURS FINIT PAR VAINCRE LES TURCS À DORYLÉE. PUIS, APRÈS LA VICTOIRE D'ANTIOCHE, ELLE ENCERCLA LA VILLE SAINTE QUI FUT PRISE LE 15 JUILLET 1099. JÉRUSALEM ÉTAIT DÉLIVRÉE.

EXASPÉRÉS PAR LES MASSACRES PRÉCÉDENTS ET LA RÉSISTANCE FAROUCHE DES SARRASINS, LES FRANCS SE LIVRÈRENT ALORS À UNE TUERIE SANS EXEMPLE, N'ÉPARGNANT PERSONNE ET PILLANT AVEC FURIE.

CETTE POLITIQUE DÉSASTREUSE MALGRÉ QUE LA COURONNE DE CE NOUVEAU ROYAUME FÛT CONFIÉE À GODEFROID DE BOUILLON, PUIS À SON FILS BAUDOIN Iᵉʳ, PROVOQUA LA HAINE DES ARABES QUI HARCELÈRENT SANS RELÂCHE LES ROUTES UTILISÉES PAR LES CROISÉS.

EXCÉDÉ PAR CETTE SITUATION, UN NOBLE CHAMPENOIS, HUGUES DE PAYNES, DÉCIDA ALORS DE FORMER UN ORDRE RELIGIEUX ET MILITAIRE QUI AURAIT LA CHARGE DE PROTÉGER LES CONVOIS ET DE PRÉSERVER LE TEMPLE. EN QUELQUE SORTE, CES MOINES-SOLDATS EN DEVENAIENT LES GARDIENS, D'OÙ LEUR NOM DE "TEMPLIERS".

AYANT OBTENU LE SOUTIEN DES AUTORITÉS ROYALES ET RELIGIEUSES, LES NEUF TEMPLIERS DU DÉBUT, DEVINRENT RAPIDEMENT UN ORDRE PUISSANT ET LEURS RELAIS ET COMMANDERIES S'ÉTENDAIENT DÉSORMAIS JUSQU'EN OCCIDENT. LEUR POUVOIR ÉTAIT DEVENU REDOUTABLE.

DURANT PRÈS DE DEUX SIÈCLES CES RELIGIEUX FURENT LES ARDENTS DÉFENSEURS DU ROYAUME FRANC DE SYRIE, MAIS LES SARRASINS PROFITÈRENT HABILEMENT DES MALADRESSES ET DES FAUTES DE LA COUR DE JÉRUSALEM.

CETTE SITUATION PRÉCAIRE ATTIRA D'AUTRES CROISADES. IL Y EUT D'ABORD CELLE DU ROI DE FRANCE LOUIS VII, EN 1167, QUI PÉRICLITA EN RAISON DU CARACTÈRE INSTABLE DE CE MONARQUE.

ELLE FUT SUIVIE EN 1190, PAR L'EXPÉDITION DE RICHARD CŒUR DE LION ET DU ROI PHILIPPE-AUGUSTE. CES PRINCES VIOLENTS QUI PENSAIENT DAVANTAGE À EN DÉCOUDRE ENTRE EUX PLUTÔT QU'À SAUVER LE ROYAUME D'ORIENT.

PUIS IL Y EUT, EN 1228, L'ÉNIGMATIQUE ET HYPOCRITE FRÉDÉRIC II DE HOHENSTAUFEN, CET EMPEREUR EXCOMMUNIÉ DONT LA CROISADE ÉCHOUA PARCE QU'IL PRIVILÉGIAIT TROP LES SEIGNEURS ALLEMANDS ET LES CHEVALIERS TEUTONIQUES.

ENFIN LA DERNIÈRE FUT L'ŒUVRE DE LOUIS IX, EN 1248, NOTRE BON ROI SAINT-LOUIS, QUI MAL CONSEILLÉ ET TROP PRUDENT DUT SE RETIRER D'ÉGYPTE ET DE PALESTINE POUR ALLER PLUS TARD MOURIR À TUNIS.

DÉSORMAIS LES POSSESSIONS EN TERRE SAINTE ÉTAIENT CONDAMNÉES ET, EN 1291, LES SARRASINS PRIRENT LA DERNIÈRE CITADELLE FRANQUE, SAINT-JEAN-D'ACRE. CE DÉSASTRE MARQUA LA FIN DE CETTE FANTASTIQUE ÉPOPÉE CHRÉTIENNE, CELA DANS LE SANG ET L'HORREUR.

LE RETOUR DES TEMPLIERS EN OCCIDENT FUT STUPÉFIANT. ON LES VIT DÉBARQUER AVEC DES RICHESSES CONSIDÉRABLES, DES ESCLAVES NOIRS ET DES MERCENAIRES SOMPTUEUSEMENT PARÉS FORMANT DES CORTÈGES À DEMI MUSULMANS. LEURS MONTURES ET LES ARMES QU'ILS ARBORAIENT ÉTAIENT SI FASTUEUSES QUE CHACUN SE DEMANDAIT CE QU'ÉTAIENT DONC DEVENUS LES PAUVRES MOINES-SOLDATS ?!

ALORS, EN QUELQUES ANNÉES, ILS BÂTIRENT QUANTITÉ DE COMMANDERIES ET DE RELAIS PUIS DEVINRENT LES BANQUIERS LES PLUS EFFICACES QUI FURENT, ATTIRANT PAR LEUR GESTION TOUS LES CAPITAUX DU ROYAUME.

POUR L'OMBRAGEUX ET FROID PHILIPPE IV LE BEL, CET ÉTAT DANS L'ÉTAT DEVENAIT DE PLUS EN PLUS INTOLÉRABLE. DE SA FORTERESSE DU LOUVRE IL MÉDITAIT COMMENT ABATTRE CE TEMPLE DONT IL APERCEVAIT LE DONJON, AU LOIN, ET SUR LEQUEL CLAQUAIT L'ORIFLAMME "BEAUSÉANT", COMME UN PERPÉTUEL DÉFI.

15

AINSI QU'IL EST SOUVENT, CE GRAND FAUVE AVAIT DES MINISTRES ET DES SERVITEURS AUTANT FOURBES ET SCÉLÉRATS QUE LUI, SI CE N'ÉTAIT DAVANTAGE ENCORE ! OR DONC AVEC ENGUERRAN DE MARIGNY ET GUILLAUME DE NOGARET, IL ARRÊTA UNE STRATÉGIE QUI DEVAIT ABATTRE LES TEMPLIERS.

MAIS LES CHEVALIERS AUX BLANCS MANTEAUX DÉPENDAIENT DU PAPE ET IL FALLAIT SON APPROBATION POUR LES SUPPRIMER. BONIFACE VIII LA REFUSA ! ...FURIEUX, PHILIPPE LE BEL ENVOYA UNE TROUPE ARMÉE EN ITALIE AFIN DE SE SAISIR DU SAINT-PÈRE ET NOGARET ALLA JUSQU'À LE SOUFFLETER À ANAGNI.

EN ATTENDANT UN NOUVEAU PONTIFE PLUS DOCILE, LES EXÉCUTANTS DU ROI RÉPANDIRENT ALORS LES PLUS VILES CALOMNIES, ACCUSANT LES TEMPLIERS DE MŒURS DÉPRAVÉES ET SURTOUT DE SACRILÈGES EN INSINUANT QU'ILS N'ADORAIENT PLUS LE VRAI DIEU MAIS D'AFFREUSES IDOLES TEL LE "BAPHOMET".

PLUS GRAVE ENCORE : IL FUT ASSURÉ QUE LES NOVICES, AU MOMENT DE LEUR ENTRÉE DANS L'ORDRE, DEVAIENT CRACHER SUR LE CRUCIFIX ET RENIER LE CHRIST. CELA DERRIÈRE L'AUTEL DE LEUR INTRONISATION.

TOUT ÉTAIT FAUX, ÉVIDEMMENT, MAIS DE LA VÉRITÉ PHILIPPE LE BEL ET SES ACOLYTES N'EN AVAIENT CURE. UNE ENQUÊTE FUT PRESCRITE ET LE NOUVEAU PAPE, CLÉMENT V, ABANDONNA LES TEMPLIERS À LA JUSTICE DU ROI DE FRANCE... LE 13 OCTOBRE 1307, LA PLUPART DES CHEVALIERS, FRÈRES ET SERVANTS DU TEMPLE FURENT ARRÊTÉS PAR LES MILICES QUE LE MALIN NOGARET AVAIT FAIT CONSTITUER.

AINSI DURANT DES ANNÉES CES MALHEUREUX CROUPIRENT DANS DE SOMBRES CACHOTS OÙ ILS EURENT LA MALADRESSE DE GRAVER DES SIGNES MYSTÉRIEUX CE DONT LEURS ENNEMIS SE SERVIRENT AVEC FOURBERIE.

ALORS ON LEUR INFLIGEA LES PIRES TOURMENTS. LES CRIS ET LES HURLEMENTS DES TORTURÉS RETENTIRENT PARTOUT DANS LES ENVIRONS DES GEÔLES ET AUCUN SUPPLICE NE LEUR FUT ÉPARGNÉ, LES ESTROPIANT À VIE POUR LE MIEUX.

MAIS POURQUOI CETTE HAINE ENVERS CES MOINES ?

PARCE QU'ILS ÉTAIENT PUISSANTS ET QU'ILS SUSCITAIENT LA JALOUSIE. ILS ACHETAIENT TOUT ET NE REVENDAIENT RIEN, JAMAIS ! ET PUIS LE ROI PHILIPPE LE BEL, APRÈS AVOIR SPOLIÉ LES JUIFS ET LES LOMBARDS, AVAIT TANT BESOIN DE LEURS RESSOURCES !

MAIS IL FALLAIT SURTOUT QU'ILS SE TAISENT. LEURS CRIS DEVAIENT ÊTRE ÉTOUFFÉS ET APRÈS DES SIMULACRES DE PROCÈS LE ROI DÉCIDA DE FAIRE EXÉCUTER LES TEMPLIERS, À COMMENCER PAR LE GRAND MAÎTRE.
UN BÛCHER FUT DONC DRESSÉ EN BOUT DE LA PETITE ÎLE DE LA CITÉ DE PARIS. ON ÉTAIT EN JANVIER 1314.

DÈS QUE LES PRÉPARATIFS FURENT ACHEVÉS, LE ROI, IMPATIENT, OBLIGEA LA COUR ET TOUS LES CORPS DE L'ÉTAT, À ASSISTER AUX SUPPLICES DE JACQUES DE MOLAY ET DE SON ADJOINT GEOFFROY DE CHARNAY. QUANT AU PEUPLE, IL SE PRESSAIT SUR LES RIVES TOUT À LA FOIS AVIDE ET INQUIET.

BIENTÔT LE BÛCHER FUT ENFLAMMÉ ET LA POIX DONT ÉTAIENT ENDUITS LES CONDAMNÉS LES CERNA DE FEU. C'EST ALORS QUE JACQUES DE MOLAY, D'UNE VOIX TERRIBLE, ASSIGNA LE PAPE CLÉMENT, LE ROI PHILIPPE, LES MINISTRES NOGARET ET MARIGNY À COMPARAÎTRE DEVANT LE TRIBUNAL DE DIEU. CELA AVANT LA FIN DE L'ANNÉE.

LORSQUE SES DERNIÈRES PAROLES FURENT AVALÉES PAR LES FLAMMES, IL MAUDISSAIT LA DYNASTIE ET LE ROYAUME. LE VISAGE DE PHILIPPE LE BEL, TEL DU MARBRE, N'AVAIT PAS BOUGÉ ET SON REGARD FIXAIT LE FOYER QUI SE CONSUMAIT, COMME S'IL MESURAIT SOUDAIN LE DÉSASTRE DE TOUT CELA À TRAVERS LE TEMPS!

CEPENDANT, QUELQUES SEMAINES PLUS TARD, LE 20 AVRIL, LE PAPE CLÉMENT V MOURAIT DANS D'ATROCES SOUFFRANCES.

PUIS LE TERRIBLE PHILIPPE LE BEL, APRÈS AVOIR APERÇU UN ÉTRANGE CERF DONT LES BOIS ENFERMAIENT UNE CROIX QUI SCINTILLAIT DANS LA BRUME, TOMBA DE CHEVAL, PARALYSÉ. IL RENDIT L'ÂME PEU DE JOURS APRÈS.

ENFIN, L'AFFREUX NOGARET FUT TROUVÉ, EN NOVEMBRE, INANIMÉ PRÈS D'UNE BOUGIE QUI EMPESTAIT! IL PÉRIT LE LENDEMAIN.

ET LE DERNIER, MARIGNY, FUT PENDU AU GIBET DE MONTFAUCON SOUS LE PRÉTEXTE DE PRÉVARICATION: LA TERRIBLE PROPHÉTIE DU GRAND MAÎTRE COMMENÇAIT SES RAVAGES...

L'ORDRE DES TEMPLIERS ÉTAIT ABATTU MAIS PAS COMPLÈTEMENT MORT. ON VIT ALORS CERTAINES COMMANDERIES NE JAMAIS ÊTRE ACHETÉES, PAR PEUR, MAIS EXPLORÉES ET FOUILLÉES PAR D'ANCIENS FRÈRES QUI, SANS PLUS DE RESSOURCES, CHERCHAIENT DE QUOI SUBSISTER.

LES BONNES GENS DU PAYS QUI, EUX, AVAIENT CRU TOUTES LES CALOMNIES, AU SPECTACLE DE LA DÉTRESSE DES RARES SURVIVANTS CHANGÈRENT D'OPINION. ILS AIDÈRENT AUSSITÔT CEUX QUI SECRÈTEMENT SE RÉCLAMAIENT DU TEMPLE. VRAIS OU FAUX FRÈRES... ET CELA CONTINUE.

CES CREUSEMENTS ANARCHIQUES FIRENT BEAUCOUP POUR LA LÉGENDE DES TRÉSORS CACHÉS.

17

À L'ANCIEN ERMITAGE, JE CROIS QUE NOUS AVONS AFFAIRE À DES CHENAPANS DE BAS ÉTAGE. ILS N'ONT RIEN DU TEMPLIER DE TRADITION ET ILS CHERCHENT QUELQUES RICHESSES AVEC UN GRIMOIRE AUQUEL ILS NE COMPRENNENT RIEN ET QU'ILS ONT DÛ DÉROBER QUELQUE PART !

SANS L'OMBRE D'UN DOUTE.

AH ! POURQUOI CES VOISINS ONT-ILS REFUSÉ NOTRE ALLÉGEANCE? NOUS LES AURIONS BONNEMENT PROTÉGÉS À CHAQUE INSTANT. MAINTENANT COMMENT FAIRE POUR LES SORTIR DE CE PIÈGE ?

IL Y A UN MOYEN, MON PÈRE. LE TEMPS EST CHAUD, SEC, ET LA PLUIE FAIT TRÈS DÉFAUT : POURQUOI NE PAS, DÈS LORS, ORGANISER UNE PROCESSION QUI PERMETTRAIT DE CIRCONVENIR LES BÂTIMENTS SANS COUP FÉRIR ET ENSUITE D'EN FAIRE L'ASSAUT VIGOUREUSEMENT PAR SURPRISE ?

HUM ! J'Y AVAIS PENSÉ ! VOUS AUSSI, DONC L'IDÉE N'EST POINT MAUVAISE. NOUS ALLONS AINSI METTRE CETTE EXPÉDITION SUR PIED.

LE LENDEMAIN MATIN, À L'AUBE...

SALVE REGINA... SALVE!...SALVE!...SALVE!... SANCTE PETRE, ORA...

DIGUELING DIGUELING

ET SUBITEMENT...

SANCTA CÆCILIA, ORA PRO NOBIS... SANCTA MAGDALENA, ORA PRO NOBIS...

DIANTRE! LES GENS DU MONASTÈRE!?... EN QUANTITÉ! C'EST DANGEREUX CELA ! TRÈS !

SANCTA VERONICA, ORA PRO NOBIS... SANCTA CATHARINA, ORA PRO NOBIS...

C'EST COMME UNE ARMÉE ! EMPÊCHEZ QUE NUL NE SORTE...

ILS TOURNENT LES BÂTISSES; UN VÉRITABLE ENCERCLEMENT!

HOLA ? VOUS AUTRES, LES MOINES ?!... ENCOUREZ-VOUS AU LOIN, SANS QUOI J'ÉGORGE CE GAMINET... VOUS AVEZ ENTENDU ?...

18

LE GREDIN ! LE SAUVAGE !

ATTENDEZ, MESSIRE, NOUS AVONS LÀ UN LANCEUR DE PIERRE EXPERT, LE FRÈRE AUGUSTO. IL A SERVI AUTREFOIS DANS UN CORPS DE FRONDEURS DES BALÉARES ... VOUS ALLEZ EN JUGER ! ALLEZ, MON FRÈRE, ET NE LE RATEZ SURTOUT PAS !

QUÉ, JAMAIS !

POK   HAOUW-W-W

SOUDAIN...

MAMAN !... MAMAN !...

MON PETIT ENFANT ! TU ES SAUF !... OH ! QUE J'AI EU PEUR !

RENDS-MOI CE GARNEMENT, VITE !

CRAAAC   PLUS UN GESTE, RESTEZ OÙ VOUS ÊTES SANS QUOI ON VOUS OCCIRA TOUS LES TROIS.

MALÉDICTION !

AH ! JHEN !... ET VOUS MON PÈRE ! COMMENT JAMAIS VOUS REMERCIER ? CAR CES CHENAPANS NOUS TENAIENT AU SILENCE PAR LA CONTRAINTE ET FORTES MENACES SUR NOS ENFANTS, MON PETIT ADRIEN EN PARTICULIER.

JE M'EN DOUTAIS, PARFAIT. SURTOUT APRÈS AVOIR OBSERVÉ TON LOGIS DEPUIS LE BOIS, AU DESSUS DES ÉTANGS. C'EST DE LÀ QUE J'AI PRÉCIPITÉ À L'EAU UN DE CES OLIBRIUS.

LES VOICI JUSTEMENT BIEN FICELÉS ET PRÊTS À NOUS DÉVOILER POURQUOI ILS SONT VENUS CÉANS ABOMINER DE BRAVES GENS AVEC LES TRÈS MAUVAISES FAÇONS DE VAURIENS ! ALORS, VOUS NOUS RACONTEZ ?

ALLEZ AU DIABLE !...

21

COMMENT ? QU'AS-TU DIT ? UN MOT DE PLUS EN TRAVERS ET JE TE COUPE LE NEZ ET LES OREILLES SELON LES VIEILLES COUTUMES DE VOS MAÎTRES EN VILENIES, LES ÉCORCHEURS. ALORS, PARLE, SANS QUOI JE VAIS T'ENFONCER CE COUTEAU ENTRE LES CROCS, EN ATTENDANT MIEUX !

DU CALME ! DU CALME, PARFAIT !

EUH ! NOUS AVONS TROUVÉ, ENFIN JE VEUX DIRE DÉROBÉ UN GRIMOIRE DANS UNE ANCIENNE COMMANDERIE. LÀ, APRÈS AVOIR QUESTIONNÉ UN PEU RUDEMENT LE NOUVEAU PROPRIÉTAIRE, DE GUERRE LASSE, IL A ASSURÉ QUE LE GRAND TRÉSOR DES TEMPLIERS ÉTAIT ENFERMÉ DANS UNE GROTTE, PRÈS D'UN ÉTANG. DE L'OR, BEAUCOUP D'OR ; TELLEMENT D'OR !... DEPUIS NOUS CHERCHONS ET C'EST CELLE-CI QUI NOUS A PARU LA PLUS INTÉRESSANTE.

EH BIEN, AFIN DE VOUS RÉCOMPENSER POUR VOS BONNES MANIÈRES, VOUS ALLEZ VOUS ENSAUVER AINSI FICELÉS POUR VOUS PRÉSENTER CHEZ LES ALCHIMISTES QUI CHERCHENT AUTANT LE PRÉCIEUX MÉTAL QUE VOUS. CE SERA ORIGINAL... BONNE ROUTE, FILS DE SATAN, ET NE REVENEZ JAMAIS EN CES ALENTOURS.

AH ! MES AMIS, QUELLE BELLE ESCAPADE. HÉ ! HÉ... COMMENT VOUS EXPRIMER LA JOIE QUE J'AI DE VOUS RETROUVER ET POUR FÊTER CELA, NOUS ALLONS BOIRE QUELQUES BONNES BOUTEILLES. SI ! SI !

DIFFICILE, CAR MES RELIGIEUX ET MOI NE POUVONS POINT TROP ! MAIS AVEC BEAUCOUP D'EAU, PAR CETTE CHALEUR NOUS FERONS UNE EXCEPTION ET, POUR UNE FOIS, UNE LÉGÈRE ENTORSE À NOTRE SAINTE RÈGLE !

PUIS, TANDIS QUE L'APRÈS-MIDI LES MOINES S'EN RETOURNENT AVEC UN PEU MOINS D'ORDRE VERS LE COUVENT, DES NUAGES S'AMONCELLENT AU-DESSUS DE LA FORÊT DE SAINT-ROYE DE SAULX.

CHANGEMENT DE TEMPS QUI, LA NUIT, PROVOQUE UN VIOLENT ORAGE.

CRAC

HOOH ! JE N'IMAGINAIS PAS QUE LES INVOCATIONS DE CET APRÈS-MIDI AMÈNERAIENT UNE TEMPÊTE AUSSI VIVE ! SANS DOUTE LES FRÈRES ONT-ILS FAIT UN PEU TROP !?

MAIS BIEN PLUS LOIN, DANS UNE AUBERGE...

... DE L'OR !... DE L'OR ! ON VOUS EN APPORTERA !... ON SAIT OÙ IL Y EN A !... PLEIN !... DANS UN SOUTERRAIN... MAIS, C'EST UN SECRET !

TAVERNIER, DONNE-LEUR ENCORE À BOIRE.

MAIS, SEIGNEUR, ILS ONT DÉJÀ BEAUCOUP INGURGITÉ!...

JE PAIERAI LE TOUT. DONNE-LEUR CE QU'ILS RÉCLAMENT.

AH!...QUE...QUE...LE CIEL TE...TE...REM...DE...HEU!...

NE VOUS ILLUSIONNEZ QUAND MÊME PAS, MES GAILLARDS! UNE FOIS VOS PANSES PLEINES, VOUS ME SUIVREZ AFIN DE RACONTER AU CHÂTEAU DE TIFFAUGES CE QUE VOUS AVEZ DÉCLARÉ AUPARAVANT À PROPOS D'UN TRÉSOR CACHÉ.

PARDI!...LE LA..GROTTE!..
...DES...TEMP...

TSS-TSS!...PLUS UN MOT DE CETTE AFFAIRE CÉANS. MAINTENANT, BUVEZ, MANGEZ ET TAISEZ-VOUS.

TOI, L'AUBERGISTE, TROUVE DANS L'HEURE UNE CHARRETTE AVEC UN CHEVAL. CE SERA NÉCESSAIRE POUR TRIMBALER CES PÈLERINS REMPLIS COMME DES OUTRES. VOICI CETTE BOURSE POUR TE PAYER.

OH! MILLE GRÂCES!...JE M'ENCOURS!

PUIS, À L'AUBE, COMME LE CIEL SE NETTOIE PEU À PEU...

VOICI LE CHÂTEAU...

GEOFFROY, LAISSE CUVER LEUR VINASSE À CES TROIS RIBAUDS ET LORSQU'ILS SERONT EN ÉTAT DE MARCHER, QU'ILS SE LAVENT. ENSUITE, DONNE-LEUR DES VÊTEMENTS PROPRES, PUIS ENVOIE-LES MOI. JE SERAI AVEC MON COUSIN DE RAIS.

CE SERA FAIT, MESSIRE.

HÉ! GILLES, VOICI TON COUREUR DE ROUTE, DE SILLÉ, CE VILAIN POURVOYEUR QUE JE N'AIME POINT TANT. IL EST REVENU AVEC UN ÉQUIPAGE MAIS PARAÎT BREDOUILLE EN GENTILLET!

HÛÛMM!

POURQUOI GROGNER, MON BON GILLES? N'AS-TU PAS, EN CES MURS, TOUT CE QUI CONVIENT À TON BONHEUR : LES PLUS BEAUX OBJETS, CES DEUX MIGNONNETS, PIERRET ET PIERRENET (1) ET LE PLUS SÉMILLANT DES CHERCHEURS D'OR, MOI, FRANCESCO PRÉLATI, LE MEILLEUR ALCHIMISTE DE FLORENCE?

L'OR! PARLONS-EN! JUSTEMENT!...
...IL M'EN FAUDRAIT BIEN, UNE QUANTITÉ ET TES CORNUES, ATHANORS ET AUTRES INSTRUMENTS DU DIABLE TARDENT FORT À EN PRODUIRE!

LE DIABLE ! PRÉCISÉMENT, TU N'Y PENSES POINT ASSEZ.

SI, J'Y SONGE... MAIS VOICI MON BRAVE SILLÉ. ALORS QUOI DE NOUVEAU ?

JE TE SALUE, BEAU COUSIN.

DE L'ORIGINAL. J'AI AMENÉ ICI TROIS DRÔLES QUI ONT CONTÉ UNE SINGULIÈRE HISTOIRE DE PARCHEMIN, DE GROTTE, D'OR ET DE TEMPLIERS. CELA À L'ANCIEN ERMITAGE DE SAINT-ROYE DE SAULX !

PALSEMBLEU !

CEPENDANT, À L'ABBAYE, EN FIN DE MATINÉE...

VOUS DEVEZ BIEN COMPRENDRE, PÈRE ABBÉ, QUE, POUR LE MOMENT, CES MALHEUREUX NE PEUVENT BAILLER LE MOINDRE ÉCOT, LA PLUS PETITE DÎME. POUR CELA, IL FAUDRAIT QU'ILS AIENT DE L'AIDE AFIN DE CULTIVER UNE PART DE LEURS TERRES QUI RESTENT EN JACHÈRE.

COMBIEN D'HOMMES FAUDRAIT-IL ?

EUH ! QUATRE... MAIS COMMENT LES PAYER ?

NE VOUS SOUCIEZ POINT DE CELA. DÈS CE SOIR, CINQ FRÈRES CONVERS IRONT CHEZ VOUS. LOGEZ-LES À PART ET QUE VOS FEMMES NE LES FRÉQUENTENT POINT... ILS RESTERONT LE TEMPS QU'IL FAUDRA.

AH ! PÈRE ABBÉ ! COMMENT VOUS REMERCIER ?

PLUS TARD ! PLUS TARD, MON GARÇON.

JHEN, VOTRE BON CŒUR VOUS JOUERA, TÔT OU TARD, QUELQUE MAUVAIS SERVICE.

C'EST DÉJÀ FAIT, PÈRE ABBÉ. MAIS LE SEIGNEUR DIEU A TOUJOURS FINI PAR CONFONDRE LES INFÂMES QUI S'Y SONT FROTTÉS.

ET LE MÊME SOIR...

VOICI LE GÂTEAU QUE MARIA ET MOI AVONS MITONNÉ POUR REMERCIER CES BRAVES RELIGIEUX QUI VONT TANT NOUS AIDER.

MERCI. CELA NOUS NE POUVONS POINT.

COMMENT REFUSER CE QUI EST OFFERT DE SI BONNE GRÂCE, COMME UN DON DE DIEU ?

ALORS JUSTE UN PETIT MORCEAU, POUR GOÛTER.

MARIA, COUPE-LEUR À CHACUN UNE BONNE TRANCHE.

QUELLE DOUCE NUIT. APRÈS NOS MÉSAVENTURES, VOICI LE CALME. LE BALANCIER DE LA VIE NE S'ARRÊTE JAMAIS JUSTE.

D'AUTANT PLUS QU'IL FAUDRA SE DONNER DE LA PEINE POUR CHERCHER CETTE FICHUE GROTTE, LÀ-BAS, DE L'AUTRE CÔTÉ !

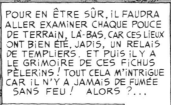

COMMENT ? TU CROIS VRAIMENT QU'IL Y A UNE GROTTE QUELQUE PART, DE L'AUTRE CÔTÉ ?

OUI ET NON. EN FAIT JE VOUDRAIS ÊTRE CERTAIN QUE TOUT CELA EST UNE FUMISTERIE.

POUR EN ÊTRE SÛR, IL FAUDRA ALLER EXAMINER CHAQUE POUCE DE TERRAIN, LÀ-BAS, CAR CES LIEUX ONT BIEN ÉTÉ, JADIS, UN RELAIS DE TEMPLIERS. ET PUIS IL Y A LE GRIMOIRE DE CES FICHUS PÈLERINS ! TOUT CELA M'INTRIGUE CAR IL N'Y A JAMAIS DE FUMÉE SANS FEU ! ALORS ?...

EH BIEN, NOUS IRONS VOIR DEMAIN.

ET LE JOUR SUIVANT ...

C'EST À CET ENDROIT QUE TU AS PLONGÉ, BASILE ?

OUI, ET JE N'AI TROUVÉ QU'UN NID D'ANGUILLES.

CES ANIMAUX SE BLOTTISSENT DANS DES TROUS, À L'AFFÛT DE PROIES. PEUT-ÊTRE EST-CE UN PASSAGE ?

QUE NENNI, CETTE GROTTE SERAIT INONDÉE ! IMPOSSIBLE.

C'EST TROP PROFOND, ON NE VOIT RIEN ! CHERCHONS PLUS LOIN.

EN VIDANT L'ÉTANG PROBABLEMENT QUE ...

TU VEUX RIRE, AVEC CETTE SÉCHERESSE CE SERAIT PURE FOLIE !

SOIT ! N'EN PARLONS PLUS.

CEPENDANT, À DES LIEUES DE LÀ ...

...IL EST BON DE SAVOIR QU'IL EXISTE UN TRÉSOR FORT BIEN CACHÉ ET QUI POURRAIT VENIR À POINT MAIS, POUR L'HEURE, NOTRE AMI FRANCESCO PRÉLATI, ALCHIMISTE AU TALENT SUPRÊME, EST SUR LE POINT DE DÉCOUVRIR LE GRAND SECRET: L'OR ! COMME TOUS LES TROIS VOUS FAITES DÉSORMAIS PARTIE DE NOTRE MAISON, JE VAIS VOUS MONTRER NOS INSTALLATIONS.

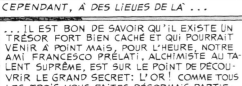

EST-CE BIEN RAISONNABLE, GILLES ?

PERSONNE NE M'A JAMAIS TRAHI ET IL FERAIT BEAU VOIR QUE QUELQU'UN L'OSE JAMAIS ... PAR ICI.

VOILÀ ! QU'EN DITES-VOUS, HEIN ? L'ANTRE DE LA PLUS FORMIDABLE GENÈSE QUI SERA JAMAIS !

FABULEUX !...

HÉ! REGARDE! BRIQUEVILLE ET SON ÉCUYER QUI ARRIVENT À BRIDES ABATTUES!? ENCORE QUELQUE MAUVAISE AFFAIRE EN TRAIN!

SÛREMENT!

BON SANG DE BON SANG! IL NE MANQUAIT PLUS QUE CELA!

C'EST VRAIMENT UNE CATASTROPHE!

EH BIEN? QUELLE EST CETTE INTRUSION?

SEIGNEUR! LE DAUPHIN DE FRANCE ARRIVE ENTOURÉ D'UNE FORTE ESCORTE. IL EST À QUELQUES LIEUES ET VA SANS DOUTE DEMANDER L'HOSPITALITÉ À TIFFAUGES.

PAR LES CORNES DU DIABLE!

CE LOUIS EST UN FOURBE. IL A L'ŒIL PERÇANT ET VA SÛREMENT FOUINER DANS LE CHÂTEAU, DES COMBLES AUX CULS-DE-BASSE-FOSSE. DEPUIS L'AFFAIRE D'ORLÉANS (1) IL ME DÉTESTE ET CETTE VISITE, TOUTE SOUDAINE, CACHE CERTAINEMENT UN PIÈGE.

NOUS ALLONS DEVOIR FAIRE DISPARAÎTRE CES INSTRUMENTS SINON SERONS ACCUSÉS DE SORCELLERIE ET BRÛLÉS VIFS. DIANTRE, AU MOMENT OÙ NOUS TOUCHIONS AU BUT! QUELLE MALÉDICTION!

MAIS EN OBSTRUANT L'ENTRÉE, PERSONNE NE TROUVERA MALICE.

CE PRINCE EST UN MÊLE-TOUT ET UN ABOMINABLE HYPOCRITE; UN MUR TOUT NEUF NE LUI RÉSISTERA POINT, CROYEZ-MOI.

CACHONS AU MOINS L'ATHANOR ET...

IMPOSSIBLE LE TEMPS NOUS MANQUE.

BRIQUEVILLE, DÉTRUIS TOUT CELA. QU'IL N'EN RESTE RIEN... ENSUITE, JETTE LES MORCEAUX DANS LES DOUVES; CE REJETON ROYAL N'IRA POINT SE MOUILLER JUSQUE LÀ... ALLONS, MES AMIS, REMONTONS EN FAISANT BON CŒUR CONTRE MAUVAISE FORTUNE, CELA AUTOUR D'UN BON CRU EN ATTENDANT CE MAUDIT FILS DE ROI. VENEZ.

CRAAC BLANG

(1) VOIR LE LYS ET L'OGRE.

ET EN FIN D'APRÈS-MIDI...

DÉPÊCHONS, DÉPÊCHONS: LA TROUPE DU DAUPHIN EST À MOINS DE 500 TOISES(1).

VOILÀ! VOILÀ! NOUS ALLONS ÊTRE PRÊTS, MAIS RAPPELEZ AU SIRE DE RAIS QU'IL FAUT GAGNER DU TEMPS. COÛTE QUE COÛTE!

...REDOUTABLE FORTERESSE, EN VÉRITÉ!

À LA SOMBRE RÉPUTATION! PEU DE GENS DE QUALITÉ Y ONT PÉNÉTRÉ, PARAÎT-IL!

EH BIEN, CELA INCITE DAVANTAGE À...

PLATCH-FLASCH

HÉ!? CES DRÔLES PRÉCIPITENT DES OBJETS DANS LEURS DOUVES!

J'ENTENDS! CE MARÉCHAL DE RAIS AURAIT DONC À NOUS DISSIMULER?! VOILÀ QUI SERAIT VILE MANIÈRE ENVERS LA COURONNE QUE JE REPRÉSENTE. IL FAUDRA DONC, MES SEIGNEURS, EXAMINER CE CHÂTEAU DE FOND EN COMBLE. ALORS NOUS RESTERONS ICI LE TEMPS QU'IL FAUDRA.

PLATCH-PLOUFF

COMMENT?! PERSONNE POUR NOUS ACCUEILLIR! QUE SIGNIFIE? VOUDRAIT-ON FAIRE AFFRONT À UN FILS DE FRANCE?

POINT, MONSEIGNEUR! NOUS CHERCHONS PARTOUT LE SIRE DE RAIS AFIN DE VOUS RECEVOIR DIGNEMENT MAIS NOUS NE SAVONS OÙ IL EST... AH! VOICI SES PROCHES.

ALORS? VOUS N'AVEZ DONC PAS DE GUETTEURS? ET QU'EST DEVENU VOTRE MAÎTRE?

IL S'EN EST ALLÉ SE DÉGOURDIR DANS LE JARDIN CAR IL AVAIT INGURGITÉ UN PEU TROP DE VIN. EUH, VEUILLEZ LE PARDONNER!

DANS LE JARDIN! SOIT! IL SERA PLAISANT D'ALLER LE SURPRENDRE. CONDUISEZ-NOUS.

PAR ICI, MONSEIGNEUR!

LÀ-BAS! IL EST PENCHÉ SUR CETTE TOMBE QU'IL AFFECTIONNE TRÈS FORT.

ALLONS LE RÉVEILLER.

(1) UNE TOISE ; PRÈS DE DEUX MÈTRES.

MESSIRE ? IL Y A LÀ MON-SEIGNEUR LE DAUPHIN LOUIS ; AVEC TOUS SES GENS.

COMMENT ?... EUH !... MA FOI, QUELLE HEU-REUSE SURPRISE

PLASCH

VEUILLEZ M'EXCUSER, MONSEIGNEUR, JE FAISAIS MES ORAISONS QUOTIDIENNES SUR LES RESTES D'UN ENFANT QU'UN MAUVAIS SORT M'A ENLEVÉ ET DONT LE CIEL GARDE L'ÂME LUMINEUSE. MAIS, VOUS DEVEZ VOUS EN SOUVENIR, IL S'AGIT DU JEUNE NICOLAS QUI A SI BIEN FIGURÉ DANS LE MYSTÈRE D'ORLÉANS QUE VOUS AVEZ ÉCLAIRÉ DE VOTRE PRÉSEN-CE (1). VOUS VOUS RAPPELEZ ?...

PLOUUFF

JE NE M'INTÉRESSE QU'AUX AFFAIRES IMPORTANTES DU ROYAUME ET MA PRÉ-SENCE EN EST PREUVE. CE CHÂTEAU DE TIFFAUGES OCCUPE UNE POSITION STRA-TÉGIQUE ESSENTIELLE. NOUS SOMMES VENUS L'EXAMINER AFIN DE SAVOIR SI SES DÉFEN-SES SONT ENCORE SUFFISANTES : CELA DANS LE CAS D'UNE INCURSION ANGLAISE... TOUJOURS POSSIBLE !

MAIS, MONSEIGNEUR, EN FRANCE VOUS ÊTES PARTOUT CHEZ VOUS !

AU MÊME MOMENT, À LA GORE (2).

HÉ ! VENEZ VOIR, C'EST JHEN. NOTRE SAUVEUR EST DE RETOUR.

AH ! J'AVAIS IMPATIENCE À REVENIR PARMI VOUS.

ET PEU APRÈS ...

J'ÉTAIS À PROXIMITÉ, À L'ERMITAGE OÙ PARFAIT L'ÉTOILE VIVAIT PAISIBLEMENT JUS-QU'IL Y A PEU.

AH ?! IL A DES SOUCIS ?

IL EN AVAIT. D'ÉTRANGES PÈLERINS SONT VENUS LE TRACASSER. ILS CHERCHAIENT UNE GROTTE RENFERMANT UN SOI-DISANT TRÉSOR ... SOUS L'ÉTANG !

TIENS !?...UN DE MES ONCLES OF-FICIAIT À LA PRÉVÔTÉ DU TERRITOIRE ET AVAIT FAIT D'INTÉRESSANTS RELE-VÉS QUE JE GARDE DEPUIS PARMI LES ARCHIVES DE LA CITÉ ... UNE GROTTE ! JE CROIS ME SOUVENIR !

PRÉCISÉMENT ! VOICI QUI VA T'IN-TÉRESSER.

ÇA ALORS ! JE N'AURAIS JAMAIS IMAGINÉ PAREILLE CHOSE !

(1) VOIR : "LE LYS ET L'OGRE".

(2) VOIR : "LES ÉCORCHEURS".

REGARDE LÀ, CE GRIMOIRE, IL REPRÉSENTE SANS NUL DOUTE, UNE GROTTE, PRÈS D'UN LAC. CEPENDANT, IL N'Y A AUCUN ACCÈS !

C'EST CURIEUX CAR CES PERSONNAGES ONT L'AIR DE PASSER À TRAVERS L'EAU ET LA TERRE AFIN D'ALLER ET REVENIR DANS UN PAYSAGE INSOLITE.

ET À L'INTÉRIEUR, ICI, UN TEMPLIER QUI PARAÎT AVOIR ACCUMULÉ UN TRÉSOR !

CE DOCUMENT DE TON ONCLE RÉVÈLE UN SECRET, TOUTEFOIS IL NE FOURNIT AUCUNE EXPLICATION SUR LE PASSAGE ENTRE CETTE EAU ET L'EXCAVATION.

MYSTÈRE ! MYSTÈRE ! COMME QUOI RIEN N'EST JAMAIS PARFAIT ! IL TE RESTE À DÉCOUVRIR !

MAIS LE GAMIN DE L'ERMITAGE A PLONGÉ ET TOUT CE QU'IL A TROUVÉ C'EST UN NID D'ANGUILLES !

SANS DOUTE LES GARDIENNES DE L'ANFRACTUOSITÉ QUI Y CONDUIT !? JHEN, JE CROIS QUE TU DEVRAIS T'EN ASSURER TOI-MÊME : IL EXISTE SÛREMENT UNE TRAVERSE.

TU AS RAISON ET S'IL Y A CACHE IL EST NORMAL QUE LES TEMPLIERS AIENT CHERCHÉ À LA DISSIMULER. L'ESSENTIEL AUSSI EST QUE CETTE DÉCOUVERTE NE TOMBE EN DE MAUVAISES MAINS.

BIEN SÛR. CHERCHE FÉBRILEMENT, JHEN, ET FAIS-MOI SAVOIR S'IL Y A LIEU DE TE VENIR EN AIDE : LES HABITANTS DE LA GORE ONT UNE DETTE ENVERS TOI ET ILS NE L'OUBLIENT POINT.

ET LE JOUR SUIVANT, À TIFFAUGES...

TOUTES VOS INSTALLATIONS DE DÉFENSES SONT EN BON ÉTAT MAIS CE QUE NOUS N'AVONS POINT ENCORE EXAMINÉ CE SONT VOS SOUTERRAINS ET AUTRES REFUGES. CELA ME RAPPELLE TOUT SOUDAIN LES RUMEURS DISANT QUE VOUS VOUS SERIEZ LAISSÉ ALLER À FAIRE QUELQUES EXPÉRIENCES CONCERNANT LE GRAND OEUVRE ! SI CELA EST EXACT, OÙ DONC AURIEZ-VOUS DISSIMULÉ ATHANOR ET AUTRE ENGIN INSOLITE ?

MONSEIGNEUR, JE VAIS VOUS FAIRE VISITER TOUS LES ANTRES ET CUL-DE-BASSE FOSSE DU CHÂTEAU. PAR ICI, JE VOUS PRIE.

·ET UNE HEURE PLUS TARD...

... ENFIN VOICI LA CAVE LA PLUS PROFONDE DU DOMAINE.

RIEN, BIEN SÛR ! NÉANMOINS CETTE PIÈCE A CURIEUSE APPARENCE ! VRAIMENT ÉTRANGE.

QUE VOULEZ-VOUS DIRE, MONSEIGNEUR ?

IL N'Y A PAS LA MOINDRE POUSSIÈRE SUR AUCUN OBJET !? CURIEUX !

CET ENDROIT PARAÎT AVOIR ÉTÉ VIDÉ, COMME PAR ENCHANTEMENT ! PEUT-ÊTRE QUE LES MEUBLES ONT ÉTÉ PRÉCIPITÉS DANS LES DOUVES AU MOMENT DE NOTRE ARRIVÉE !? PEUT-ÊTRE AUSSI SUFFIRAIT-IL D'ÉVACUER L'EAU DES FOSSÉS POUR...

CELA SUFFIT, MONSEIGNEUR !...

27

VOUS, DAUPHIN DU ROYAUME, AVEZ TOUS LES DROITS IMPARTIS À LA COURONNE HORMIS CELUI DE BRAVER AVEC INSOLENCE UN MARÉCHAL DE FRANCE. JE CONSIDÉRERAI TOUTE ATTEINTE À MON HONNEUR COMME UNE INSULTE ET CELA NE POURRAIT SE LAVER QUE DANS LE SANG, PAR UN DUEL. POURRIEZ-VOUS DONC EN SUPPORTER LA CONTRAINTE ? EN TOUS CAS MES DOUVES RESTERONT EN L'ÉTAT. QUE DÉCIDEZ-VOUS, MONSEIGNEUR ?

HUM !... LE TEMPS VA CHANGER À LA PLUIE ! SI NOUS NE VOULONS POINT PATAUGER DANS LA BOUE, IL SERAIT OPPORTUN DE NOUS EN RETOURNER À LOCHES, CE CHÂTEAU OÙ MON PÈRE A TANT AIMÉ ME CONFINER ET QUE J'APPRÉCIE PEU À PEU... A VOUS REVOIR, MESSIRE DE RAIS.

EN FIN DE MATINÉE, L'IMPORTANTE ESCORTE DU PRINCE HÉRITIER FRANCHIT À NOUVEAU LA POTERNE DU CHÂTEAU, MAIS EN L'AUTRE SENS...

...ET DISPARAÎT LENTEMENT À L'HORIZON...

QUELLE BELLE ESCAPADE ! VOUS AVEZ MOUCHÉ CE ROYAL REJETON DE BELLE FAÇON, MESSIRE, CELA A ÉTÉ UN RÉGAL.

PEUT-ÊTRE, MAIS CE FOURBE JEUNE HOMME NE ME LE PARDONNERA JAMAIS ! CE SERAIT SANS IMPORTANCE S'IL N'ÉTAIT PAS RESPONSABLE DE LA DESTRUCTION DE MA FABRIQUE D'OR... MOI QUI EN AVAIS TANT BESOIN !

MAIS IL Y A MOYEN DE S'EN PROCURER AILLEURS. LES TROIS PÈLERINS QUE NOUS HÉBERGEONS PRÉTENDENT CONNAÎTRE L'ENDROIT OÙ LES TEMPLIERS ONT EMPILÉ LEURS RICHESSES. VOILÀ CERTES UNE MINE EXTRAORDINAIRE.

C'EST VRAI, JE LES AVAIS OUBLIÉS, CEUX-LÀ ! ALLEZ LES QUÉRIR.

...ALORS, MES BEAUX LARRONS, VOUS PRÉTENDEZ SAVOIR OÙ SE DISSIMULE LA FORTUNE DES TEMPLIERS ?

SÛR, MESSIRE, EN FORÊT DE SAINT-ROYE DE SAULX, PRÈS D'UN ÉTANG.

NOUS POURRIONS VOUS Y MENER À VOTRE GUISE.

UN ÉTANG ! CE N'EST POINT À PROXIMITÉ D'UN ERMITAGE ?

TOUT JUSTE, MESSIRE.

AH ! VOILÀ QUI EST DIFFICILE ET EN MÊME TEMPS PASSIONNANT ! L'OR DES TEMPLIERS ! QUELLE GAGEURE !

UNE RICHESSE FABULEUSE, DIT-ON !

QUE L'ON SE PRÉPARE AU DÉPART, SANS DÉLAI, TOUT DE SUITE. L'OR DES TEMPLIERS ! HA! HA! HA! HA! HA! HA!

 LA CHALEUR EST TOUJOURS INTENSE LE LENDEMAIN MATIN, LORSQUE...

BIENVENUE À TOI, JHEN. CETTE AFFAIRE EST DÉCIDÉMENT BIEN ACCROCHÉE DANS TA TÊTE.

BONJOUR, MES AMIS. JE SUIS PARTI TÔT DE LA GORE CAR J'Y AI TROUVÉ BONS RENSEIGNEMENTS À PROPOS DE CETTE FAMEUSE GROTTE.

 BIEN SÛR, CAR JE SUIS PERSUADÉ QU'IL EXISTE UN PASSAGE ET CROIS AVOIR TROUVÉ UNE SOLUTION. JE VAIS TOUT PRÉPARER POUR CE SOIR, LORSQUE TU AURAS TERMINÉ TON LABEUR DU JOUR.

 ENFIN... NOUS Y SOMMES. LÂCHONS ICI LES MORCEAUX DE PORC.

 ÇA VA ! TOUTES LES ANGUILLES SE PRÉCIPITENT SUR LES DÉCHETS ; ALLEZ-Y.

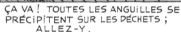

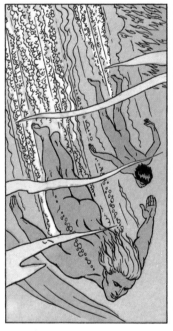

 PIOUHH !.. ÇA VA, MON GARÇON ?... C'EST UN SIPHON : JE ME DOUTAIS QU'IL S'AGISSAIT DE QUELQUE CHOSE COMME CELA.

TU AS VU LÀ ! DES OSSEMENTS !...

EN EFFET ! PLUS D'UN HOMME EST MORT LÀ : CERTAINEMENT EN AYANT VOULU FORCER LE PASSAGE... CE QUI EST ÉTRANGE AUSSI C'EST CETTE LUEUR GLAUQUE QUI PROVIENT DU PASSAGE ET ÉCLAIRE ÉTRANGEMENT CET ENDROIT.

PARTONS, JHEN. NOUS N'AVONS RIEN POUR NOUS DÉFENDRE !

OUI. AS-TU REMARQUÉ, SUR CETTE DALLE PLATE, QUELQUE CHOSE QUI RESSEMBLE À UN BAPHOMET SCULPTÉ !

UN QUOI ?...

BON ! VIENS. JE T'EXPLIQUERAI CELA À L'AISE.

ET PEU APRÈS...

EH BIEN, VOUS EN AVEZ MIS DU TEMPS ! JE ME RONGEAIS LES SANGS D'INQUIÉTUDE ... ET LA NUIT VA TOMBER.

NOUS AVONS TROUVÉ, PARFAIT FORMIDABLE !... IL Y A BIEN UNE GROTTE.

LE JOUR SUIVANT, TANDIS QUE LA TROUPE IMPORTANTE DE GILLES DE RAIS S'ÉBRANLE, TRAVERSANT LES CAMPAGNES, PRESQUE COMME UNE BANDE D'ÉCORCHEURS...

...JHEN ET SES COMPAGNONS SONT DÉJÀ PRÊTS.

VOILÀ ! LES MORCEAUX DE VIANDE SONT DISSÉMINÉS, ALLEZ-Y.

MERCI. À TOUT À L'HEURE.

PUIS ...

LE SAC A ÉTÉ PARFAITEMENT ÉTANCHE, LES VÊTEMENTS SONT SECS... ET LES TORCHES AUSSI. BIEN ! DÈS QUE NOUS SERONS PRÊTS, TU EN ALLUMERAS UNE ET TU M'ÉCLAIRERAS, JE VAIS TENTER DE TROUVER L'ACCÈS.

... CETTE PIERRE BOUGE UN PEU, MAIS !...

HÉ !

DZZING

PALSEMBLEU ! SI JE N'AVAIS PAS ÉTÉ ACCROUPI, JE SERAIS PRÉSENTEMENT EMBROCHÉ ET OCCIS, COMME L'ONT ÉTÉ CES SQUELETTES, ICI .

MALGRÉ CETTE LAME QUI EST BIEN ROUILLÉE ET NE TIENT PLUS GUÈRE !

LÀ, IL Y A LA TÊTE D'UN DRÔLE, EN SCULPTURE ! PEUT-ÊTRE QU'EN LUI APPUYANT SUR LE NEZ, OU LES YEUX !?

VOILÀ !

LA PIERRE BOUGE. ALLONS PLUS LOIN, MÊME SI NOUS SOMMES AU DEVANT DE TOUS LES DANGERS !

TU... TU CROIS ?!

REGARDE : UN BLOC DE PIERRE ÉNORME A BOUCHÉ LE PASSAGE ! EN TOMBANT, IL A ÉCRASÉ PLUSIEURS CURIEUX DE NOTRE GENRE, CE QUI N'A PAS EMPÊCHÉ LES SURVIVANTS DE CREUSER UN TUNNEL EN DESSOUS. L'APPÂT DU GAIN EST INCOMMENSURABLE.

POUR NOUS AUSSI ?

JE NE CROIS PAS. C'EST SURTOUT POUR SE PRÉMUNIR CONTRE TOUS LES AVIDES QUI RISQUENT DE RÔDER EN CES LIEUX QUE NOUS SOMMES LÀ, TOUS LES DEUX.

ÇA PASSE, VIENS.

...TONNERRE, DE L'EAU !? ENCORE ! AVEC DES RESTES HUMAINS, DANS LE FOND.

TU AS VU, EN FACE, DES PIERRES PLATES, COMME DES PORTES, AVEC TOUJOURS DES MORTS À LEUR PIED.

ILS N'ONT DONC PAS TROUVÉ LE SECRET POUR LES OUVRIR ! EH BIEN, NOUS NE SOMMES PAS AU BOUT DE NOS PEINES !

31

CEPENDANT À L'ABBAYE...

LE PRIEUR A L'AIR TRÈS PRÉOC-CUPÉ TOUT SOUDAIN!

DEPUIS QUE LE FRÈRE CONVERS MATHURIN EST REVENU DE L'ANCIEN ERMITAGE, IL PARAÎT EN EFFET TRÈS SOUCIEUX.

...VOUS AVEZ EU RAISON DE VENIR ME RAPPORTER TOUT CELA. CES JEUNES GENS QUI CHERCHENT UNE GROTTE, PRÈS DE L'ÉTANG, C'EST PRÉOCCUPANT. HUM! JE VAIS DONC PARTIR: UNE VISITE À LA GORE EN SERA LE PRÉTEXTE. ALLEZ QUÉRIR MON CHAPEAU, UNE CANNE ET FAITES PRÉPARER MA MULE.

À VOTRE SERVICE, PÈRE ABBÉ.

PUIS EN PLEINE CHALEUR...

LA CHAPELLE DE VALMONT. C'EST LÀ QU'EST LE PASSA-GE... FRÈRE MATHURIN, JE CROIS QUAND MÊME NÉCESSAIRE DE VOUS RAP-PELER QUE VOUS AVEZ JURÉ, ICI MÊME, SUR LE CHRIST, DE NE JAMAIS DÉ-VOILER NOTRE SECRET.

RASSUREZ-VOUS, PÈRE ABBÉ, JE NE L'AI POINT OUBLIÉ.

ALORS FAITES FONCTIONNER LE SYSTÈME QUI DONNE ACCÈS À LA GALERIE.

ET PEU APRÈS...

ATTENDEZ-MOI DEUX HEURES, FRÈRE MATHURIN. APRÈS, RETOURNEZ AU COUVENT AVEC LA MULE. VOUS PRÉTENDREZ QUE J'AI ÉTÉ RETENU À LA VILLE. JE ME DÉBROUILLERAI DÈS LORS SEUL. PLUS TARD, REGAGNEZ L'ERMITAGE.

QUE DIEU NOUS PROTÈGE, PÈRE ABBÉ.

CEPENDANT, PLUS BAS...

...L'EAU CONTINUE DE MONTER, NOUS ALLONS ÊTRE NOYÉS!

QUELLE FAUSSE MANŒUVRE AVONS-NOUS FAITE? IL FAUT ABSOLUMENT TROUVER LE DISPOSITIF QUI OUVRE UNE DE CES PORTES.

TIENS LA TORCHE: JE CROIS AVOIR VU QUELQUE CHOSE, EN DESSOUS.

OÙ EST-IL? JE NE LE VOIS PLUS!

PAR TOUS LES SAINTS DU PARADIS, IL NE BOUGE PLUS!? BASILE?...

34

ÇA Y EST ! JE L'AI...

EH BIEN ! TU M'EN AS FAIT UNE FRAYEUR !

J'AI TROUVÉ LE BOUCHON ... IL TIENT AVEC UNE CHAÎNE ... ATTENTION, L'EAU VA TOURBILLONNER EN SE VIDANT PAR CE TROU !

TENONS-NOUS SOLI-DEMENT AUX ROCHERS.

ENFIN...

... COMMENT AS-TU SONGÉ A' TIRER CETTE PIERRE ?

J'AVAIS REMAR-QUÉ SA FORME BIZARRE.

BIEN QUE TOUT SOIT ÉTRANGE, ICI, C'EST SINGULIER DE TA PART ! EN TOUS CAS CES MORTS PLUS BAS, EUX, N'ONT PAS EU LE BON RÉFLEXE... IL N'Y A PLUS QU'À REMETTRE CELA EN PLACE.

BROUOUWH

HÉ ! REGARDE, UNE OUVERTURE QUI SE PRATIQUE AVEC DEUX ÉNORMES MEULES PIVOTANT EN SENS INVERSE.

LÀ, AU DESSUS, UNE PORTE EN BRONZE. ENCORE ! COMMENT L'OU-VRIR.

IL Y A UNE POIGNÉE : ESSAYONS TOUJOURS.

HAOUW!

BASILE !... TIENS BON !

ET PEU APRÈS...

CET ESCALIER EST UN VRAI COUPE-GORGE. LE RETOUR VA ÊTRE TRÈS DIFFICILE.

LÀ, UNE GRILLE !

OH! FABULEUX!

ÇA BRILLE PARTOUT : FORMIDABLE !

Pour entrer, faites pivoter le barreau, tout en bas.

CETTE VOIX, C'EST FANTASTIQUE !

ELLE PARAISSAIT VENIR D'UNE STATUE, AU FOND.

Maintenant, approchez. Plus près... N'ayez pas peur !

UNE STATUE QUI PARLE ! C'EST DE LA SORCELLERIE !

Rassurez-vous, je ne vous veux aucun mal, bien au contraire.

Voilà ! N'avancez pas davantage.

MAIS QUI ÊTES-VOUS ?

La statue du Grand Maître de l'éternité.

Beaucoup d'individus cupides ont voulu découvrir cette grotte et jusqu'ici personne n'y est parvenu : vous êtes les seuls. Peut-être parce que vous avez l'esprit pur !... Mais il ne suffit pas d'avoir déjoué tous les pièges, encore faut-il sortir de cette caverne. Si vous respectez ce trésor, vous pourrez regagner l'air libre. Toutefois, il est nécessaire d'abord de me faire allégeance.

Pour cela, toi, l'aîné, prends cette épée, sur le bouclier, et sors-la de son fourreau.

ATTENTION ! ELLE EST PLEINE DE POUSSIÈRE !

BAH ! CE SONT LES LARMES SÈCHÉES DU TEMPS.

HOH ! LA POIGNÉE EST EN OR ET LA LAME EN ACIER BLEUTÉ !

Ne te fie pas à son élégance car si cette arme a des vertus, elle possède aussi des pouvoirs redoutables : elle sera limpide et forte pour l'âme généreuse mais flamboyante pour les cœurs noirs. Maintenant, lève-la au-dessus de la tête et jure de ne jamais dévoiler ce que tu as vu céans et, si nécessaire, de défendre ces lieux au prix de ta vie. Toi aussi, l'enfant.

JE LE JURE.

JE LE JURE AUSSI.

Bien. Repartez. Les portes se refermeront toutes seules après votre passage. Ne revenez ici qu'en cas de nécessité, et lorsque les dangers qui menacent aux alentours seront écartés, je ferai pendre le baudrier de cette arme devant l'ermitage alors, ici, je vous livrerai le secret des Templiers... Allez !

34

ET QUELQUE TEMPS PLUS TARD...

LA BARQUE N'EST PLUS LÀ ! APRÈS TOUT C'EST NORMAL.

HÉ ! VOIS. PARFAIT EST EN GRANDE CONVERSATION AVEC DE NOBLES CHEVALIERS !

CHEVALIERS, PEUT-ÊTRE ; NOBLES, CELA M'ÉTONNERAIT. HABILLONS-NOUS ET ATTENDONS.

MAINTENANT ILS S'ÉLOIGNENT. MAIS D'OÙ SORTENT-ILS DONC ?

CE SONT LES ARMES DE GILLES DE RAIS. CES GENS-LÀ PEUVENT ÊTRE LES MEILLEURS MAIS AUSSI LES PIRES !

AH ! PARFAIT NOUS A VUS.
OHÉ ? OHÉ ?

J'ARRIVE.

PUIS PEU APRÈS...

CES SOLDATS EXIGENT FORCE NOURRITURE ET ILS M'ONT DIT QU'ILS VONT FOUILLER PIED À PIED LA FORÊT AINSI QUE LE SOL AUX ALENTOURS. MAIS DE QUEL DROIT ?

CES TERRES APPARTIENNENT AUX MOINES, N'EST-CE PAS ?

NON ! AU BAILLAGE DE ROYE-AUX-LACS, AUTREMENT DIT À LA COURONNE.

BON SANG ! AVANT QUE L'OFFICIER EN CHARGE SE DÉPLACE, LES BOIS SERONT RETOURNÉS DE FOND EN COMBLE ! OÙ CES INTRUS ONT-ILS ÉTABLI LEUR CAMPEMENT ?

DANS LA CLAIRIÈRE AUX LOUPS. UN PEU PLUS LOIN EN SUIVANT LE RÛ. ILS ONT CHOISI CET ENDROIT, ONT-ILS DIT, POUR LEURS COMMODITÉS ET LA FRAÎCHEUR.

BIEN ! J'Y VAIS. À PLUS TARD, PARFAIT... ET TOI AUSSI, MA DOUCE MARIA.

PUIS...

HÉ !?...QUI VA LÀ?...

37

DE LOIN J'AI RECONNU LES ORIFLAMMES DU MARÉCHAL DE...

LAISSE PASSER, C'EST UN FAMILIER DU SEIGNEUR DE RAIS.

AH ! CHER AMI JHEN ! QUELLE HEUREUSE CIRCONSTANCE ! VIENS T'ASSEOIR CÉANS. TU CONNAIS LA PLUPART DE MES COMPAGNONS, ALORS ENTRE, ENTRE : DE BONNES CHÈRES T'ATTENDENT.

JE SUPPOSE TOUT DE MÊME QUE VOUS N'AVEZ POINT CHEVAUCHÉ JUSQU'AU CREUX DE CES BOIS POUR Y FAIRE RIPAILLE ?

NON, BIEN SÛR, MAIS CES TROIS GAILLARDS SONT VENUS À TIFFAUGES PRÉTENDRE QUE LES TEMPLIERS AVAIENT CACHÉ, JADIS, UNE ÉNORME FORTUNE DANS UNE GROTTE, SOUS CES ARBRES VÉNÉRABLES. ALORS JE SUIS VENU LA QUÉRIR.

N'EST-CE PAS NATUREL ? UN TRÉSOR APPARTIENT À CELUI QUI LE DÉCOUVRE, C'EST LA COUTUME ; DONC JE VAIS TOUT METTRE EN ŒUVRE POUR Y PARVENIR. CELA TE CHAGRINE, JHEN ?

CE QUI ME CONTRARIE C'EST LE CRÉDIT QUE TU ACCORDES À PAREILS MALANDRINS. AINSI TU VAS SEMER LE DÉSORDRE EN CES LIEUX PAISIBLES ! JE NE PEUX APPROUVER CELA EN AUCUNE MANIÈRE.

ALORS, JHEN, IL FAUDRA LAISSER PARLER LES ARMES ! LA FORCE !

MESSIRES, JE N'AI POINT DE SOLDATS À VOUS OPPOSER, SEULEMENT UN BRAVE COMPAGNON, QUELQUES BONNES FEMMES ET DES ENFANTS !... CEPENDANT LE CIEL SERA PEUT-ÊTRE AVEC MOI, JE LE GAGE !... À VOUS REVOIR.

TANDIS QU'AU MONASTÈRE...

PAR LES SAINTS APÔTRES VOICI NOTRE PRIEUR QUI COURT LE CHEMIN TOUT SEUL... PAR CES FORTES CHALEURS !

MON PÈRE, UN PEU D'EAU À LA FRAMBOISE ? ELLE EST BIEN FRAÎCHE.

MERCI. J'AI AFFAIRE : LE TEMPS PRESSE.

ENFIN...

RÉUNISSEZ LES MOINES DANS LA SALLE CAPITULAIRE, TOUT DE SUITE. NOUS DEVONS FAIRE FACE À DES ÉVÉNEMENTS DIFFICILES.

PUIS UN PEU PLUS TARD... MES FRÈRES ! DES CIRCONSTANCES EXCEPTIONNELLES M'OBLIGENT À PRENDRE DES DÉCISIONS IMPORTANTES. LA PREMIÈRE DE CELLES-CI EST DE CONSTITUER UNE TROUPE ARMÉE AVEC LA PLUPART D'ENTRE VOUS AFIN DE DÉFENDRE L'ANCIEN ERMITAGE DE L'ÉTANG QUI FAISAIT PARTIE DE NOTRE APANAGE. CES GENS SONT TOUJOURS MENACÉS, PLUS PARTICULIÈREMENT DEPUIS QU'UN BARON EST VENU DRESSER SES TENTES À PROXIMITÉ DES BOIS, COMME J'AI PU M'EN RENDRE COMPTE. LE PÈRE GONZAGUE, QUI A EU L'EXPÉRIENCE DE LA GUERRE, JADIS, COMMANDERA CETTE ÉQUIPÉE PENDANT QUE LES RELIGIEUX ÂGÉS RESTERONT ICI, SOUS LA PROTECTION DE NOS PLUS JEUNES FRÈRES.

LA DEUXIÈME RÉSOLUTION ME CONCERNE CAR JE DOIS M'ABSENTER, AVEC LE FRÈRE MATHURIN, AYANT CHARGE D'UNE MISSION D'HONNEUR ... LA TROISIÈME EST DE DÉPÊCHER LES FRÈRES ANSELME ET BENOÎT, À LA GORE, DANS LE BUT D'AVERTIR CETTE POPULATION DES DANGERS QUE LES PAYSANS DE L'ERMITAGE, ET NOUS, COURONS DÉSORMAIS. AINSI TOUTES LES CHANCES SERONT DE NOTRE CÔTÉ, ESPÉRONS-LE !

MES ENFANTS, JE SAIS QUE JE PEUX COMPTER SUR VOTRE FIDÉLITÉ ET SUR VOTRE COURAGE. JE PRIERAI POUR QUE LA SAINTE PROVIDENCE VOUS PROTÈGE... JE VOUS BÉNIS.

FRÈRE MATHIEU, PAR ICI...

PÈRE GONZAGUE, QU'ALLONS-NOUS FAIRE ?

IL FAUT ÊTRE PRÊTS POUR CETTE NUIT ALORS SUIVEZ-MOI.

PUIS LE SOIR À L'ERMITAGE ...

... IL EST NÉCESSAIRE DE DÉTRUIRE LE PASSAGE QUE NOUS AVONS DÉCOUVERT CAR GILLES DE RAIS ET SES AFFREUX COMPAGNONS VONT TOUT METTRE EN ŒUVRE POUR DÉCOUVRIR CETTE GROTTE. PARFAIT, TU NOUS TRAVERSERAS, À L'AUBE.

ENTENDU ; MALGRÉ QU'UN PEU DE CETTE RICHESSE NOUS AURAIT FAIT DU BIEN ! MAIS TU AS RAISON.

ET, À LA FIN DE LA NUIT ...

VAS-Y, LE PLUS SILENCIEUSEMENT POSSIBLE.

CEPENDANT ...

ILS ONT PLONGÉ !...

CE QUI PROUVE BIEN QU'IL Y A UN PASSAGE, LÀ EN DESSOUS.

LA BARQUE REVIENT, ALORS DÈS QUE LE PAYSAN AURA ACCOSTÉ NOUS L'INTERCEPTERONS.

QU'EST-CE ?... PALSEMBLEU IL SEMBLE QUE CE SOIT UNE BANDE DE CISTERCIENS EN ARMES !?

MA FOI OUI. CE SONT LES MOINES DU COUVENT DE SAINT-ROYE DE SAULX, NON LOIN D'ICI : VOILÀ BONNE VENUE.

PEUT-ÊTRE, MAIS QUOI QU'IL EN SOIT, VOUS TROIS, ALLEZ FOUINER VIVEMENT DANS CETTE GROTTE. ÔTEZ LE SURPLUS DE VOS VÊTEMENTS, PRENEZ UNE TORCHE, ET TRAVERSEZ CE QUI RESTE D'EAU AVEC CETTE BARQUE. PRESSEZ-VOUS.

OUSTE ! CES MOINES GUERRIERS APPROCHENT.

ON Y VA.

ET NOUS REVIENDRONS PLEINS D'OR COMME DES OUTRES. HA! HA!

C'EST VOUS LE BARON QUI ÊTES VENU DE LOIN POUR FOUILLER NOS BOIS ET LES TERRES VOISINES ?

UN MARÉCHAL DE FRANCE NE RÉPOND POINT À CHEF DE BANDE FÛT-IL ENGONCÉ PAR UN FROC ET BARDÉ DE MÉTAL... ALLEZ PLUTÔT FAIRE VOS PATENÔTRES.

TANDIS QUE DE L'AUTRE CÔTÉ...

UN SYPHON ! COMMENT IMAGINER PAREIL ACCÈS AUSSI BIEN DIS-SIMULÉ ?

CES TEMPLIERS ÉTAIENT DE RUDES MALINS.

ET PEU APRÈS...

PAS DE DOUTE ! QUELQU'UN A UTI-LISÉ CE PASSAGE IL Y A PEU : LES TRACES SONT ENCORE FRAÎCHES.

EN EFFET, ET LÀ-HAUT UNE GRILLE OUVERTE !?!

LE TRÉSOR ! FABULEUX !... FANTASTIQUE !...

NOUS ALLONS ÊTRE RICHES, IMMENSÉMENT ! ENFIN !

HOLÀ, VOUS QUI ARRIVEZ COMME DES VOLEURS AFIN D'ARRACHER CES RELIQUES POUR LES-QUELLES DES CENTAINES DE RELIGIEUX SONT MORTS, REDOUTEZ LA COLÈRE DES ÂMES QUI HANTENT CES LIEUX... LEUR VENGEANCE SERA TERRIBLE !

HÉ ! CETTE ARME ÉTINCELANTE ! MAIS D'OÙ SORT-ELLE ?

CE N'EST QU'UNE ÉPÉE EN OR QUI NOUS ILLU-SIONNE.

ET CE BRAS QUI LA TEND ? C'EST CELUI D'UN MARAUD !

FONÇONS C'EST SÛREMENT UN IMPOSTEUR!

C'EST CELUI QUI NOUS A PRÉCÉDÉS : IL VEUT GARDER LE TOUT.

EN AVANT!

HAAAAH

CE GLAIVE EST ENSORCELÉ!

DIANTRE! COMME UN SOLEIL DANS UNE CAVERNE!

IL NE NOUS LAISSERA POINT PASSER OUTRE.

ALORS PRENONS LE PLUS POSSIBLE D'OBJETS EN OR ET FILONS. LE SIRE DE RAIS TROUVERA BIEN LE MOYEN DE REVENIR AFIN DE QUÉRIR LE MEILLEUR DE CES CHOSES.

HOMMES CUPIDES, FUYEZ, FUYEZ ET ALLEZ REJOINDRE LES CADAVRES DE TOUS LES AVIDES QUI VOUS ONT PRÉCÉDÉS.

GUELING DIGUELING

TU EN AS PRIS TROP ET AVANCES AVEC PEINE : POSES-EN QUELQUES-UNES.

NENNI : CE SONT DES PIÈCES TROP RARES!

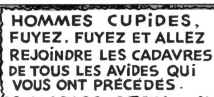

CEPENDANT...

JE SUIS LA VOIX QUI RÉSONNAIT À TRAVERS CETTE STATUE. C'ÉTAIT UN ARTIFICE QUI A PORTÉ SUR DES ESPRITS INQUIETS ET SUR DES ÊTRES AU CŒUR IMPUR : IL Y EN EÛT BEAUCOUP, SEULEMENT VOICI VENU LE TEMPS OÙ UN TEL STRATAGÈME NE FONCTIONNE PLUS! DÈS LORS IL FAUT AGIR AUTREMENT.

VOUS ÊTES REVENU AVEC L'ÉPÉE QUE JE VOUS AVAIS CONFIÉE : C'EST BIEN ET VOUS EN AVEZ FAIT BON USAGE. NÉANMOINS TOUT CELA S'EST DÉROULÉ PLUS VITE QUE PRÉVU AUSSI JE NE DÉPOSERAI PAS CE BAUDRIER PRÈS DE L'ERMITAGE. JE VAIS VOUS LE REMETTRE À L'INSTANT, DÈS QUE VOUS AUREZ JURÉ SUR CETTE ARME, DE NE JAMAIS DÉVOILER CE QUE VOUS AVEZ VU EN CES LIEUX. ATTENTION, ELLE EST MAGIQUE ET VENGERAIT LES TEMPLIERS DE TOUTE TRAHISON. L'ENFANT AUSSI DOIT PROMETTRE.

HÉLAS, MAINTENANT PARFAIT L'ÉTOILE, ET TOUTE SA FAMILLE, SAVENT QUE CETTE GROTTE EXISTE ET QU'UN TRÉSOR Y EST ENTASSÉ.

J'AURAIS AUSSI LES MOYENS DE PRÉSERVER LEUR SILENCE...

MAIS QUI ÊTES-VOUS DONC?...

40

JE SUIS LE GARDIEN DU TEMPLE, LE GRAND INITIÉ, L'ÉTERNEL REMORD. À TRAVERS LES SIÈCLES IL Y AURA TOUJOURS DES BRAS PROTECTEURS, AFIN D'ÉCARTER LES MALFAISANTS, LES AVIDES QUI NE S'INTÉRESSENT À NOTRE SECRET QUE POUR LE PILLER. JE SUIS L'UN DE CEUX-LÀ. MAINTENANT VOUS ALLEZ JURER SUR L'ÉPÉE PUIS NOUS PARTIRONS, CAR LE TEMPS PRESSE.

JE JURE SUR CETTE LAME MAGIQUE DE NE JAMAIS RIEN RÉVÉLER SUR CE QUE J'AI VU DANS CETTE CAVERNE.

JE LE JURE AUSSI.

BIEN.

VOICI LE BAUDRIER DE CETTE ARME. ELLE VOUS RESTERA FIDÈLE TANT QUE LE DANGER RÔDERA EN CES LIEUX ; NE L'OUBLIEZ PAS, ET SURTOUT NE LA VENDEZ JAMAIS ... MAIS VENEZ TOUS LES DEUX.

L'ESCALIER EST UN PEU LONG ET LES COULOIRS DIFFICILES, ALORS PENSEZ AUX NOBLES FRÈRES DU TEMPLE QUI ONT CREUSÉ CES ROCHES ET TAILLÉ CES PIERRES POUR LA SAUVEGARDE DE LEUR ORDRE : CELA VOUS AIDERA SÛREMENT ... ATTENTION À VOS TÊTES, LE PLAFOND EST PARFOIS TRÈS BAS.

JE M'ÉTONNE QUE L'ON NE VOIE NULLE PART DE SCULPTURES REPRÉSENTANT LE CHRIST OU LA CROIX ?

QUI CELA ?

MAIS SI : TON ÉPÉE EN EST UNE. IL Y A DES CROIX PARTOUT, TU N'Y PRENDS PAS GARDE ! QUANT AU CHRIST IL EST AUSSI PRÉSENT DANS NOS TÊTES QUE SETH OU OSIRIS.

LE PANTHÉON HUMAIN EST VASTE, JHEN ! ÉTUDIEZ CELA LORSQUE VOUS EN AUREZ LE TEMPS, C'EST TRÈS INSTRUCTIF ... LE PASSAGE EST ÉTROIT : ÉCLAIREZ-MOI.

CEPENDANT, PLUS LOIN ...

LA PIERRE NE VEUT PLUS BOUGER ! ELLE EST COMME BLOQUÉE ... !

MAIS QUE SE PASSE-T-IL ? À L'ALLÉE NOUS AVONS FRANCHI CET OBSTACLE SANS DIFFICULTÉ.

ALORS, CREUSONS.

HÂTONS-NOUS, LA TORCHE NE DURERA PLUS DES HEURES !

41

MAIS DE L'AUTRE CÔTÉ ...

JHEN, ÉCLAIREZ-MOI PLUS PRÈS. J'ESPÈRE QUE LE MÉCANISME VA FONCTIONNER. DEPUIS LE TEMPS !... VOILÀ !

VOYEZ, CETTE BOULE DE PIERRE EST LÀ EN ÉQUILIBRE DEPUIS PLUS D'UN SIÈCLE. ELLE A ÉTÉ CONSTRUITE SELON UN MODÈLE UTILISÉ DANS L'ÉGYPTE ANCIENNE. JE VAIS LA DÉCALER ET ELLE ROULERA DANS UN COULOIR EN PENTE OÙ ELLE PRENDRA DE LA VITESSE.

ÇA Y EST !... MAINTENANT L'ŒUVRE DE DESTRUCTION EST ENGAGÉE ET RIEN NE PEUT PLUS L'ARRÊTER.

ELLE VA PASSER DE CHICANE EN CHICANE ET AU BOUT DE SA COURSE DÉCLENCHER LE SYSTÈME D'EXTERMINATION DE CETTE CAVERNE. NOUS AVONS JUSTE LE TEMPS DE REGAGNER L'AIR LIBRE.

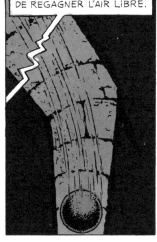

SOUDAIN ...

BROUOUWWW

QU'EST-CE QUE C'EST ?

ON DIRAIT UN TREMBLEMENT DE TERRE !

ET NOUS SOMMES COINCÉS ICI ! ACTIVONS ACTIVONS !...

ON RISQUE DE CREVER COMME DES RATS ALORS QUE NOUS AVONS PLEIN D'OR !

...NOUS VOICI À LA LUMIÈRE DU JOUR. LAISSEZ-MOI PRENDRE UN PEU D'AVANCE, APRÈS QUOI VOUS REFERMEREZ LA PORTE. IL SUFFIT DE LA RABATTRE : LE MÉCANISME S'ENCLENCHE TOUT SEUL.

ENTENDU ... AU REVOIR ET MERCI, GARDIEN DU TEMPLE !

C'EST FAIT ... IL FAUT ÊTRE BIEN MALIN POUR DEVINER CE DISPOSITIF !

LA TORCHE S'EST ÉTEINTE : IL ÉTAIT TEMPS DE SORTIR DE CE SOUTERRAIN, HÉ ! LE PÈRE S'EN VA : IL EST DÉJÀ LOIN.

POURQUOI L'APPELLES-TU AINSI ? TU SAIS, L'HABIT NE FAIT PAS LE MOINE.

HUM ! QUELQUE CHOSE ME DIT QU'IL N'EST PAS ÉTRANGER AU MONASTÈRE DE SAINT-ROYE.

TU AS PEUT-ÊTRE RAISON, BASILE ET ...

QUE SE PASSE-T-IL ?... HÉ !?... **LA FORÊT !**

AU MÊME MOMENT, LA BOULE DE PIERRE POURSUIT SA COURSE FOLLE ÉCRASANT DES CHICANES, DÉCLENCHANT DES MÉCANISMES...

SOUDAIN, LA SALLE AUX CHEVALIERS VIBRE, TREMBLE, ET LA CLEF DE VOÛTE SE DISLOQUE D'UN COUP, PROVOQUANT UN ÉBOULEMENT TERRIBLE.

PUIS, DANS UN GRONDEMENT ÉPOUVANTABLE, LES GALERIES S'EFFONDRENT L'UNE DERRIÈRE L'AUTRE, ÉCRASANT LES TROIS FUYARDS DONT LES CRIS SE PERDENT DANS UN FRACAS TERRIFIANT.

...TANDIS QUE GILLES DE RAIS ASSISTE STUPÉFAIT À CE CATACLYSME.

CE N'EST TOUT DE MÊME PAS UN TREMBLEMENT DE TERRE !?...

NON, GILLES, C'EST LA COLÈRE DES JUSTES, LE BRAS DE LA VENGEANCE DIVINE ; C'EST LE SOUFFLE FURIEUX DES COHORTES DE MARTYRS DU TEMPLE QUI HURLENT À TRAVERS LE TEMPS CONTRE LES MALFAISANTS AMBITIEUX, LES CUPIDES ET...

QUE ME CHANTES-TU LÀ ?

VOIS ! DU FOND DE CET ANTRE J'AI RAPPORTÉ CETTE ÉPÉE ÉCLATANTE, CETTE ARME DE VÉRITÉ.

QUELLE BELLE PIÈCE ! TU AS AU MOINS SAUVÉ UN FAMEUX LINGOT D'OR DE CE DÉSASTRE !

SON CORPS EST EN MÉTAL PRÉCIEUX, OUI MAIS SON ÂME VIBRE D'UNE PUISSANCE REDOUTABLE QUI PEUT SE DÉCHAÎNER CONTRE CEUX QUI N'ONT POINT LE COEUR PUR.

JHEN, PARFOIS TU ES TRÈS AGAÇANT.

PARFAIT, MARIA, VENEZ TOUS. VENEZ... J'AI REÇU UN PRÉSENT FANTASTIQUE, VOYEZ CELA SCINTILLE COMME UN SOLEIL ET CONTIENT UNE PUISSANCE FABULEUSE ! QUELLE MERVEILLE !

MAIS DE L'AUTRE CÔTÉ DE
L'ÉTANG LA CATASTROPHE
S'AMPLIFIE, LES PIERRES,
LES ARBRES ET LA TERRE
S'ENTREMÊLANT DANS UN
CHAOS GIGANTESQUE PENDANT
QUE DES NUAGES DE POUSSIÈRE
S'ÉLÈVENT À DES HAUTEURS
VERTIGINEUSES.

ET BIENTÔT LES GRONDE-
MENTS SOURDS QUI ROULENT
LONGUEMENT, TÉMOIGNENT
ENCORE DU FORMIDABLE
BOULEVERSEMENT QUI VIENT
D'ANÉANTIR LA CRYPTE SE-
CRÈTE DES TEMPLIERS.

PUIS, COMME LES ROULE-
MENTS LOINTAINS DI-
MINUENT...

HÉ ! VOICI LE PRIEUR DE
L'ABBAYE QUI ARRIVE
AVEC UNE ESCORTE.

ÉVIDEMMENT, C'ÉTAIT À
PRÉVOIR.

MONTRE-LEUR TON ÉPÉE EN
OR, JHEN, IL VA ÊTRE BIEN
ÉTONNÉ.

PEUT-ÊTRE !... PÈRE ABBÉ, LA JEUNE MARIA
CROIT QUE CETTE ARME BRILLANTE VA VOUS
SURPRENDRE...

CE QUI M'INQUIÈTE C'EST QUE VOUS L'EXHIBIEZ DE
LA SORTE ! ELLE VA SUSCITER DES CONVOITISES, NE
CROYEZ-VOUS PAS ?

HÉ PARDI !
TOUT CET OR !...
HUM, CELA DOIT
VALOIR UNE FOR-
TUNE ! DE QUOI
S'ACHETER TEL-
LEMENT DE
CHOSES !
TELLEMENT !

EN EFFET ! C'EST
UN GLAIVE DE
SEIGNEUR, MÊME
DE ROI, PARMI LES
MANANTS QUE NOUS
SOMMES, TANT DE
RICHESSE, C'EST
PRESQU'UN AFFRONT !

...OUI, JE COMPTE LA DONNER
À MON AMI PARFAIT. JE CROIS
QUE POUR LUI CE SERA UN MAGNI-
FIQUE TALISMAN DONT TOUS ICI
ONT TANT BESOIN. ET PUIS CET
OBJET RESTERA DANS LA RÉGION...
MAIS VOILÀ ENCORE DES ARRIVANTS,
CETTE FOIS DE CE CÔTÉ.

NOS AMIS
DE LA VILLE,
FORMIDABLE !

EN EFFET ! VOUS AVEZ VU L'ÉCHANGE DES REGARDS ENTRE
LE SIRE DE LA GORE ET GILLES DE RAIS ? CELA AVAIT QUEL-
QUE CHOSE DE RIDICULE ET TRAGIQUE À LA FOIS, COMME TOUT
CE QUI TOUCHE CET ÉTRANGE MARÉCHAL DE FRANCE.

QUELQUES INSTANTS PLUS TARD, C'EST L'EUPHORIE.

VOYEZ, PARFAIT ET DES AIDES BÉNÉVOLES REFERMENT DÉJÀ LE BARRAGE.

TRÈS BIEN. D'ICI PEU, L'EAU REMONTERA ET TOUT RENTRERA DANS L'ORDRE SAUF CE GRAND VIDE DANS LA FORÊT!

NOUS SOMMES VENUS AVEC FORCE PROVISIONS ET AVANT LE RETOUR DU SOIR NOUS VOUS OFFRONS À TOUS BONNE PITANCE. ALLUMEZ DES FEUX POUR LES GRILLADES ET DRESSONS DES TABLES. ALLONS. ALLONS.

ENFIN, À LA TOMBÉE DU JOUR...

EN VOILÀ UNE BONNE IDÉE.

QUELLE RÉGALADE! NOUS DEVRIONS ORGANISER PLUS SOUVENT DE TELLES RIPAILLES.

MON PÈRE, J'AI DES QUESTIONS! POURQUOI TANT DE TRÉSORS CACHÉS PAR LES TEMPLIERS ET VOUS QUI AVEZ GRAND SAVOIR, QUI EST DONC HO-SIRIS?

À MON AVIS LES TEMPLIERS ONT EU LE SOUCI DE DISSIMULER LEUR FABULEUX TRÉSOR EN DE NOMBREUX ENDROITS AFIN DE GARDER DES RESSOURCES POUR LA SURVIE DE LEUR ORDRE, MÊME CLANDESTIN. SEULS QUELQUES INITIÉS CONNAISSENT UN ENDROIT OU L'AUTRE ET TRANSMETTENT LEUR SECRET DE GÉNÉRATION EN GÉNÉRATION... QUANT À OSIRIS!...

ALORS TANDIS QUE GILLES DE RAIS ET SON ESCORTE S'ÉLOIGNENT AVEC DE SOMBRES MINES, COMME SI TOUTES LES RICHESSES DU MONDE LEUR ÉCHAPPAIENT À JAMAIS....

...L'ABBÉ POURSUIT SES EXPLICATIONS.

LES RELIGIONS, TOUTES ISSUES DE CE CREUSET QU'EST L'ORIENT ONT D'ÉTRANGES POINTS COMMUNS ET SURTOUT LES MÊMES ORIGINES.

LE SOLEIL A ÉCLAIRÉ TOUT CELA ET DE CET HORIZON FANTASTIQUE EST VENU D'ABORD OSIRIS QUI A ÉTÉ SACRIFIÉ COMME PLUS TARD LE CHRIST, PUIS MAHOMET EST APPARU... ET BIEN D'AUTRES ENCORE! CEPENDANT POUR CERTAINS, QUI ONT PU REMONTER AUX SOURCES, LA VÉRITÉ A ÉCLATÉ.

CETTE ÉVIDENCE A SANS AUCUN DOUTE ILLUMINÉ LES TEMPLIERS ET JE CROIS QU'ILS SONT REVENUS DE PALESTINE AVEC UNE FOI DIFFÉRENTE QUI ASSIMILAIT TOUS LES GRANDS PROPAGATEURS DE RELIGION EN UNE MÊME ENTITÉ : LE DIEU UNIVERSEL. C'EST LE PROFOND SECRET DES TEMPLIERS; ILS ONT EU UNE CONNAISSANCE DU GRAND SAVOIR.

MERCI MON PÈRE. JE VAIS RÉFLÉCHIR À CELA... C'EST COMPLIQUÉ MAIS JE VAIS Y PENSER TRÈS FORT.

LE LENDEMAIN MATIN...

QUEL MAUVAIS SOMMEIL, JHEN! TU AS ÉTÉ BIEN AGITÉ!

EN EFFET! LES MYSTÈRES DE LA VIE, LE NÉANT ET L'INFINI, TOUT CELA EST BIEN DIFFICILE À ASSIMILER POUR UN HOMME QUI CHERCHE À RESTER RAISONNABLE.

EH BIEN MOI, J'AI RÊVÉ DE CETTE ÉPÉE MAGIQUE TOUT EN OR! NOUS EN AVONS BEAUCOUP PARLÉ, HIER SOIR, AVEC LES FEMMES. QUE VAS-TU EN FAIRE? PEUT-ÊTRE LA VENDRE?

NON, ÇA JAMAIS.

OHÉ?

JHEN? ENFILE TES CHAUSSES ET DESCEND. IL S'EST PASSÉ QUELQUE CHOSE D'EXTRAORDINAIRE.

J'ARRIVE.

VIENS VOIR... SUR LA TABLE... LÀ OÙ TU AVAIS LAISSÉ CETTE ARME PRÉCIEUSE, HIER.

ÇA PAR EXEMPLE! DE LA POUSSIÈRE!?

ET PERSONNE N'A PU L'Y METTRE CAR LA POIGNÉE EST RESTÉE INTACTE.

UN MIRACLE À L'ENVERS. PEUT-ÊTRE LE DIABLE? !...JETONS CELA DANS L'ÂTRE.

NON. CES CENDRES SERONT DAVANTAGE À LEUR PLACE DANS VOTRE PETIT CIMETIÈRE, CET ENCLOS OÙ GISENT SÛREMENT ENCORE LES RESTES DES TEMPLIERS QUI ONT CONSTRUIT CE RELAIS. UNE OBSCURE ET PUISSANTE VOLONTÉ A PULVÉRISÉ CETTE ÉPÉE SANS DOUTE PARCEQUE TROP CONVOITÉE, MÊME DANS SES PROPRES MURS. TU GARDERAS CETTE POIGNÉE, PARFAIT. MAIS TREMPE-LA DANS DE LA PEINTURE, PUIS SUSPEND-LA QUELQUE PART AU-DESSUS DE L'ERMITAGE. ELLE VOUS PROTÉGERA.

46

EH BIEN, MARIA? QUE FAIS-TU LÀ À MOITIÉ NUE? DANS UNE HEURE NOUS PARTONS, ALORS COURS FAIRE TON BALUCHON.

ALORS, EN FIN DE MATINÉE...

...OUI, LÀ. CE SERA TRÈS BIEN. AU REVOIR, VOUS TOUS. PARFAIT, EN CAS DE DIFFICULTÉ VA VOIR LE PÈRE ABBÉ; C'EST UN HOMME BON, COURAGEUX ET HONNÊTE, CEPENDANT PAS TOUT À FAIT COMME LES AUTRES; C'EST QUELQU'UN ENTRE DIEU ET NOUS... ...LE GARDIEN DU TEMPLE.

TU NOUS QUITTES DÉJÀ, JHEN?

OUI, C'EST MIEUX. CET ENDROIT A BESOIN DE CALME, MAIS JE REVIENDRAI.

Fin

Imprimé en Belgique par Casterman, s.a., Tournai. Dépôt légal : novembre 1990. D. 1990/0053/73
Déposé au Ministère de la Justice, Paris (loi n° 49.956 du 16 juillet 1949 sur les publications destinées à la jeunesse).